# CAMP
## under the
## STARS

子どもと一生の思い出をつくる

# 星空キャンプの教科書

GB

写真：瀧林正彦　撮影場所：星に手の届く丘キャンプ場

あれから何年経っただろう？
記憶のなかの星空は、
今も変わらず瞬いている。

そして、あの星空もまた、
きっと変わらず
きらめいているだろう。

撮影：天野領太　撮影場所：室根山の山頂（望洋平キャンプ場付近）

やさしい笑顔のパパとママがいて、僕がいて。
何時だったのかわからないけれど、
眠くなんてならなかった、あの日。

## 始めよう、星空キャンプ。

撮影場所：若杉高原おおやキャンプ場

撮影場所：銀河もみじキャンプ場

新しい、仲間を連れて。

GUIDANCE

# Step.1

### 星空キャンプへ行く
## 時期を決める

きれいな星空を見るためには、いつ行くのかがとても大事。
一週間も経てば、見える星空はまったく違ってくるからだ。
空気の澄み具合や月の出方、気温や湿度……。
さまざまな要素が星空キャンプの成功に関わってくる。
でも、心配は不要。「季節」「月」「天気」というキーワードに沿って
簡単なポイントだけ把握しておけば、
誰だってきれいな星空を見ることができる。

---

**POINT 01**

**キャンプへ行く
季節を選ぶ**

どの季節を選ぶかで、星の印象やキャンプの準備は大きく変わる。

---

**POINT 02**

**月の満ち欠けと
動きを知る**

明るく輝く月は美しいが、きれいな星空を損なってしまうので要注意。

---

**POINT 03**

**当日の天気を
見定める**

雲で星が見えないという事態を避けるため、天気の予測をしっかりしよう。

# Step 2

## 星がきれいに見える
## キャンプ場を選ぶ

星空は繊細なもの。周辺を明るく照らす街があるだけで、
その輝きを失ってしまう。
だからこそ、自然のなかにあるキャンプ場選びが大切だ。
また、標高の高さと視野も大事なポイント。
空気の澄んだ、見晴らしのよいキャンプ場なら
信じられないほどの絶景と出合えるだろう。
自分のキャンプレベルに合わせて、設備の有無も確認したい。

### POINT 01

**光害について
調べる**

街の明かりは星空観測の大敵。光害の少ないキャンプ場選びを徹底しよう。

### POINT 02

**標高の
高いところへ行く**

星の輝きは空気が澄んでいるほど、地上にいる人の目に届きやすい。

### POINT 03

**視野が開けた
場所で見る**

360°見渡せる場所で見る星空は格別。キャンプ地の下調べをしよう。

GUIDANCE

# Step 3

星空キャンプを楽しむ

## 道具をそろえる

行く時期と場所を決めたら、あとは準備をするだけ。
道具の不足を工夫で補うのもキャンプの醍醐味だけど
充実したグッズをそろえた快適なキャンプは、最高に楽しい。
グッズ選びで大切なことは、寒さ対策になるものと
星空観測を楽しくしてくれるものをしっかりと選ぶこと。
標高が高いところにあるキャンプ場はとにかく寒い。
事前の備えが大切になってくる。

### POINT 01

**快適な
テントを選ぶ**

キャンプの満足感を左右するテント。広くて暖かさが保てるものを選ぼう。

### POINT 02

**過ごしやすい
服を選ぶ**

夜のキャンプ場は、予想以上に寒い。万全の準備をして臨もう。

### POINT 03

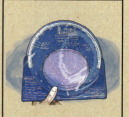

**役立つ
小物を選ぶ**

焚き火台や天体観測グッズなどがあると、星空キャンプはより楽しくなる。

# Step 4

## 星空キャンプで
## 思い出を残す

ここまでの計画と準備をしっかりすれば、
満天の星空がキャンプ場で出迎えてくれることだろう。
星がきらめく非日常な空間は、それだけで心に残る光景となる。
でも、せっかくきれいな星々とめぐり合えたのなら、
その魅力を味わい尽くしたい。
家族で星座を探してみたり、星空を写真に収めたり……
すてきな思い出をたくさん残そう。

### POINT 01

**星座を楽しむ**

星座早見盤を手に、まずは有名どころから見つけてみよう。

### POINT 02

**星空写真を撮る**

美しい景色は写真に残したくなるもの。お気に入りの一枚を撮ろう。

GUIDANCE

# 星空キャンプ
# TIME SCHEDULE

## PM 1:00 〜少し早めに入ろう！

### キャンプ場にチェックイン

到着したら、まずは受付に立ち寄ってチェックイン。キャンプ場ごとにチェックイン時間が異なるが、できるだけ早めに入りテントの設営を済ませよう。そして、明るいうちに星空を見る準備を整えておく。

## PM 8:00 〜暗くなったらいよいよ本番

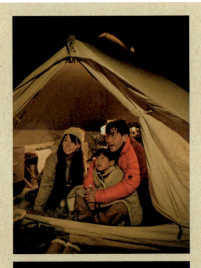

### 星空観察スタート

日が沈んだあとも、しばらくは空が明るい。日没後1、2時間経つと、急激に星が見えるようになってくる。季節によって日の入りの時間は異なるが、夏は夜が短いので時間を効率的に使いたい。

| 星 | 空キャンプの流れをイメージしやすくするために、タイムスケジュール例を見ていこう。まずは、キャンプ場にチェックインするところから。チェックイン時間はキャンプ場によって異なるので注意しよう。明るいうちに観測場所を探しておきたいので、少し余裕を持ったスケジューリングが大切だ。そして、日が沈みしばらく経って、充分暗くなったら観測スタート。のんびり眺めたり、星座を探したり、いろんな楽しみ方をしよう。子どもが寝静まったあとは、大人だけで観測するのも楽しい。翌日のチェックアウトに遅れないよう、夜更かしをしすぎないように。

## PM 11:00 〈大人だけで観測してもOK〉

### 体を温めて就寝

子どもに夜更かしさせすぎるのは避けたい。日付が変わる前には寝かせるようにしよう。季節を問わずキャンプの夜は冷えるので、暖かくするのを忘れずに。子どもが寝たあとは大人だけでのんびり観測もできる。

## AM 11:00 〈忘れ物に注意して!〉

### 遊び終わったら撤収開始!

朝はキャンプ場の自然を満喫しよう。キャンプ場のチェックアウト時間には、遅れないように気をつけて。天体観測グッズなどの小物は、小さいため意外と忘れがち。また行く時のために大切に保管しよう。

# CONTENTS

はじめに ───────── 002
GUIDANCE ───────── 010

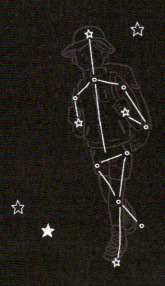

## Step1
星空キャンプへ行く
## 時期を決める

**020** キャンプ日を決める
3つのポイント

### Point 01
キャンプへ行く季節を選ぶ ─── 022

春の星空キャンプ ────── 024
夏の星空キャンプ ────── 026
秋の星空キャンプ ────── 028
冬の星空キャンプ ────── 030

### Point 02
月の満ち欠けと動きを知る ─── 032

月の形が変わる周期 ───── 034
月の形と出入り ─────── 036

### Point 03
当日の天気を見定める ──── 038

**番外編**
天体イベントで選ぶ ───── 040
天の川がきれいに見える日 ── 042
流れ星が見やすい日 ───── 044

# Step2
## 星がきれいに見える
## キャンプ場を選ぶ

### 048 キャンプ場選びの3つのポイント

**Point 01**
光害について調べる ── 050

**Point 02**
標高の高いところへ行く ── 052

**Point 03**
視野が開けた場所で見る ── 054

### 056 おすすめキャンプ場

星に手の届く丘キャンプ場（北海道）── 058
望洋平キャンプ場（岩手）── 061
エンゼルフォレスト那須白河（福島）── 062
星の降る森（群馬）── 063
みどりの村キャンプ場（群馬）── 064
キャンプ・イン・ドロブックル（栃木）── 066
高ソメキャンプ場（長野）── 067
銀河もみじキャンプ場（長野）── 068
西丹沢大滝キャンプ場（神奈川）── 071

内浦山県民の森（千葉）── 072
つぐ高原グリーンパーク（愛知）── 074
三の倉市民の里地球村（岐阜）── 075
志摩オートキャンプ場（三重）── 076
清里中央オートキャンプ場（山梨）── 078
妙高笹ヶ峰キャンプ場（新潟）── 079
ふもとっぱら（静岡）── 080
石川県健康の森
星と緑のキャンプ場（石川）── 083
星空間オートキャンプ場（岡山）── 084
六呂師高原温泉
キャンプグランド（福井）── 086
峰山高原キャンプ場（兵庫）── 087
若杉高原おおやキャンプ場（兵庫）── 088
洞川キャンプ場（奈良）── 091
姫鶴平キャンプ場（愛媛）── 092
五ヶ瀬の里キャンプ村（宮崎）── 093
輝北うわば公園（鹿児島）── 094

番外編
おすすめ観測スポット ── 096

## Step3
星空キャンプを楽しむ
# 道具をそろえる

**110** キャンプグッズ選びの
3つのポイント

Point 01
快適なテントを選ぶ ——— 112
テントのタイプと特徴 ——— 114

Point 02
過ごしやすい服を選ぶ ——— 116
衣類の種類とポイント ——— 118

Point 03
役立つ小物を選ぶ ——— 120
くつろぐ ——— 122
体を温める ——— 124
食べる ——— 126
星を撮る ——— 128
天体観測をする ——— 130

## Step4
星空キャンプで
# 思い出を残す

**134** 思い出づくりの
2つのポイント

Point 01
星座を楽しむ ——— 136
春の星座 ——— 138
夏の星座 ——— 140
秋の星座 ——— 142
冬の星座 ——— 144
探してみたい変わった星座 ——— 146

Point 02
星空写真を撮る ——— 148
きれいに星空を撮る ——— 150
印象的な風景を入れる ——— 152
人物を入れる ——— 154

### COLUMN
星空キャンプQ＆A
　時期選び編 ——— 046
　キャンプ場選び編 ——— 108
　道具選び編 ——— 132

おわりに ——— 156

CAMP UNDER THE STARS

## — Step1 —

# 星空キャンプへ行く
# 時期を決める

— 019-045 —

## TO DECIDE THE TIMING

思い出に残る景色を見るには、
計画をたてることが大切。
少しの準備で、見える星空の美しさは
大きく変わってくる。
まずはキャンプの日時を決めるところから。
候補日にどんな星空が見えるのかチェックしてみよう！

監修：木村直人＆唐崎健嗣（東京モバイルプラネタリウム）

知っておきたい基礎知識

# キャンプ日を決める
# 3つのポイント

満天の星空に恵まれるかどうかは運じゃない。
観測に適したキャンプ日を選ぶと
驚くほどきれいな星空を見ることができる。

## 星空の見え方は、毎日変わる

　都会から離れた場所へ行ったのに、星が全然見えない。そんな経験はないだろうか。もちろん、**周辺に明かりが少ないことは、きれいな星を見るために必要な条件**。でも、それ以外にも大切なことはたくさんある。思い出に残る星空キャンプにするために、まずはキャンプ日選びの3つのポイントを押さえよう。

　**最初に決めたいのが、星空キャンプへ行く季節**。空気の澄み具合や見える星座が違うため、季節によって星空の見え方は異なる。また、季節ごとにキャンプ場での過ごしやすさやキャンプに必要な備えも変わってくる。

　**もうひとつ大事なのは、当日の空の様子**。月が明るいと肉眼で見える星の数は減ってしまい、雲が出ていれば空を見ることができない。この2つはある程度事前に把握することができるので、月明かりや天気に邪魔されないキャンプ日の選び方をマスターしよう。

Step1　時期を決める

## Point 01
### 季節
#### SEASON

一般的なキャンプシーズンといえば夏。気温が下がる夜でも過ごしやすく、明るい星や有名な星座も多い季節なので初心者には最適だ。**しかし、それ以外の季節にも、それぞれによさがたくさんある。**家族の休みが合えば、夏以外のキャンプに挑戦してみるのもおすすめ。

詳細はp.022で解説！

## Point 02
### 月
#### MOON

夜空に輝く月の明かりは、星の光をかき消してしまう。特に**満月は明かりが強く、一晩中沈まないため避けたい。**事前に月の満ち欠けを把握して、観測に向いたキャンプ日を設定しよう。新月が理想だが、それ以外にも星空キャンプに向いている時期があるので要チェック。

詳細はp.032で解説！

## Point 03
### 天気
#### WEATHER

どんなに星が輝いていても、曇っていたら星空を見ることはできない。数ヶ月先の天気を見通すことは難しいが、**11日ぐらい前になればある程度、雲の具合を予測することが可能。**離れた場所にあるキャンプ場の候補をいくつか用意しておき、晴れる可能性が高いほうへ行くのがよいだろう。

詳細はp.038で解説！

# キャンプへ行く季節を選ぶ

輝く星々は季節ごとに違った表情を見せる。天の川が立ち昇る夏の星空、オリオン座がきらめく冬の星空など、季節ごとの特徴を把握しよう

## 春夏秋冬、四季折々の表情が楽しめる

都会から離れ、大自然のなかで季節を感じるのがキャンプの醍醐味。木々の葉の色が季節によって変わるように、星空も移り変わっていく。**特に、四季の変化を感じさせるのが、季節ごとに入れ替わる星座たちだ**。北斗七星を尻尾に持つ春のおおぐま座、七夕の織姫と彦星が輝く夏のこと座とわし座、W型が特徴的な秋のカシオペヤ座、雄大な冬のオリオン座とおうし座……。街明かりから離れれば、そんな星座たちを心ゆくまで楽しむことができる。裏を返せば、**見たい星座を決めてから、キャンプ日を決めてもよい**。夏や冬はにぎやかな星空を楽しむことができるし、春や秋は比較的過ごしやすい気候のなか、星座をゆったりと眺めることができる。

また、季節の風物詩と一緒に星を眺めるとより思い出に残る一日になる。春の桜や秋の紅葉と一緒に星を写真に収めたり、冬に焚き火をしながら星を眺めるのもよいだろう。

夏は天の川が一番はっきりと見える季節。
はくちょう座など人気の星座が夜空をにぎわす。

冬は一年で空気が最も澄む、観測に最適な季節。
オリオン座をはじめ、星座の形がわかりやすい。

Step.1 時期を決める

## check! 季節ごとの特徴

 春
- おおぐま座やおとめ座など大型の星座が楽しめる
- 桜をはじめ、美しい花々とともに観測できる
- 天の川が最も見にくい季節で、星の数は少なめ

 夏
- こと座やわし座など人気の星座がたくさん見える
- 8月中旬には、ペルセウス座流星群が見える
- 天の川がはっきりと見え、星空がにぎやか

 秋
- 神話に登場するロマンチックな星座が見られる
- 鮮やかな紅葉とあわせて、星を観測できる。
- 夏ほどではないが、天の川を楽しめる

冬
- 空気が澄んでいて、星が最もきらめいて見える
- ふたご座流星群を見ることができる
- 夏ほどではないが、天の川がきれいに見える

## 寒さや虫……季節ごとのデメリット

**自**然を心ゆくまで楽しむことができる反面、キャンプでは自然の影響をもろに受ける。**一番気をつけたいのがキャンプ場の寒さ**。星がきれいに見えるキャンプ場は標高が高いことが多く、夜は夏といえどそこそこ冷える。高地だと春・秋では真冬並みの装備が必要になるし、冬は完璧な防寒対策が求められる。112ページ以降で防寒対策グッズについても触れるので参考にしよう。また、一番過ごしやすいように思える夏も注意が必要。虫が発生しやすく、**薄着の夏は虫にさされやすいため、長袖のTシャツや長ズボン、虫除けスプレーを忘れないようにしたい**。

### ┊ advice ┊
#### 防寒の基本は重ね着
日中を過ごす昼と星空キャンプをする夜では、寒暖差があるので注意。インナーからアウターまでしっかりと用意し、子どもが暑ければ脱がせ、寒がれば着せることができるようにしておくとよい。

寒さには注意しないといけないが
しっかりと防寒すれば、安心して星空キャンプを楽しめる。

キャンプへ行く季節を選ぶ①
# 春の星空キャンプ

だんだん暖かくなってくる春の夜。
花見と星空、どちらも楽しむことができる

## 空の透明度は低いが、大型の星座が見どころ

になると夜も暖かくなってきて、星を見るにもよい季節。しかし、空気が澄みわたっている冬と違って、春の空は霞がかかっている。また、明るい星が多い天の川が地平線の近くにあって見づらい。このように**観測に適さない条件が重なっているため、星の数が少なく感じる。**

しかし、明るい星に囲まれるだけが、星空キャンプの楽しみ方ではない。北斗七星をはじめ、おおぐま座、おとめ座、しし座、うしかい座、うみへび座といった**春の代表的な星座は、充分夜空の壮大さを感じさせてくれる。**また、桜や菜の花といった季節の風物詩と一緒に星空を眺めると、一生忘れられない思い出になるはずだ。

写真：木村洋平

### POINT

#### GOOD!
**春の訪れを
全身で味わえる**

春の夜は**気温も上がってきて、過ごしやすくなってくる。夜桜**を見ながらの星空観測もおすすめ。

#### GOOD!
**大型で特徴的な
星座が多い**

春の星座は大きな**おとめ座やうみへび座、北斗七星を含むおおぐま座**、鎌形の**しし座**など特徴的なものが多い。

#### BAD
**春霞で
星が見えにくい**

残念なのは、**春霞で星が見にく**くなってしまうこと。**雨や曇りの日も増え、**星空観測には条件が悪くなる。

#### BAD
**夜の冷え込みと
花粉に注意**

春はまだ**冷え込む夜もある**ので、ダウンジャケットなどを持って寒さに備えよう。花粉症の人は、花粉対策も必要。

### check!
春の代表的な星座

**おおぐま座**

北の空高くに見える星座。学校で習う北斗七星はおおぐま座のしっぽ部分で、明るい星が多いので見つけやすい。

Step.1 時期を決める

▶▶▶ 星座の探し方は138ページで紹介

### おとめ座

星占いでおなじみの12星座のひとつ。星座のなかで2番目に大きい。最も明るいスピカは春の大曲線※を形づくる。

### しし座

黄道12星座のひとつ。鎌の形をした、頭から首の星の並びが目印だ。鎌の下で明るく光っているのは1等星レグルス。

### うしかい座

北斗七星の柄の延長線上に、オレンジ色の明るい星が見える。それがうしかい座のアークトゥルス。

※春の大曲線　春の夜空に見られる明るい恒星の並び

025

キャンプへ行く季節を選ぶ②
# 夏の星空キャンプ

昼は登山やハイキング、
夜は七夕にちなんだ星を探してみよう

## 夏休みは絶好の観測チャンス

**夏**は星空キャンプが最もしやすい季節。**星は標高の高いところほどきれいに見える**が、夏以外の高地キャンプは徹底した防寒対策が必要となる。ある程度の寒さ対策は必要だが、**夏は高地キャンプで最も過ごしやすい時期といえるだろう。**

そして、夏は天の川が最も明るく見える季節でもある。天の川を空の上のほうへたどっていくと、**七夕で有名な織姫星（こと座のベガ）と彦星（わし座のアルタイル）が見える**。夏休みに見た七夕伝説にまつわる星々は、きっと子どもの思い出に強く残るはずだ。また、お盆の時期には、ペルセウス座流星群が見られるので、好条件の年は外さないようにしたい。

 POINT

### GOOD!
**天の川が
きれいに見える**

夏は天の川の星が密集している部分が、空の高い位置にくる。**濃くきれいな天の川を見るチャンス。**

### GOOD!
**人気の星座が
目白押し**

夏の大三角を形成する**わし座、こと座、はくちょう座**、大きな赤い星アンタレスが輝く**さそり座**が見やすい。

### GOOD!
**高地でも
過ごしやすい気温**

空気が澄んでいて、街の光が届かない高地は絶好の観測場所。夏なら**多少気温が低くても苦にならない。**

### BAD
**虫刺されに
注意が必要**

夏のキャンプ場には、**蚊やヒル**などの害虫がいる。**防虫スプレー**や**虫刺され薬**を用意して出かけよう。

### check!
### 夏の代表的な星座

### はくちょう座

天の川の上に翼を広げ、飛んでいるように見える星座。一番明るい星のデネブは1等星だ。

Step.1 ▲ 時期を決める

▶▶▶ 星座の探し方は140ページで紹介

### こと座

一番明るいベガと平行四辺形の形に並ぶ4つの星が、ギリシャ神話に登場する琴の名手オルフェウスの琴を表す。

### わし座

ひときわ輝くアルタイルを中心に、翼を広げている。このわしは、ギリシャ神話の神ゼウスが変身した姿である。

### さそり座

12星座のひとつ。大きなS字型をした星座で、中心にはさそりの心臓ともいわれる赤い星アンタレスが輝く。

キャンプへ行く季節を選ぶ ③
# 秋の星空キャンプ

秋の星座で、ギリシャ神話の英雄
ペルセウスの冒険譚を楽しもう

## ストーリー性のある星座が見どころ

だんだんと夜が長くなる季節。詳細は36ページで解説するが、月が夜遅くから昇ることもあるため、**夜が長いほど星がきれいに見えるチャンスは多くなる**。そのため、冬ほどは寒くなく、平地であれば過ごしやすい秋は星空キャンプに向いている季節といえる。秋の夜長には、星空を見に出かけてみよう。

しかし残念なことに、**夏とくらべると明るい星は少ない**。天の川は見られるが、全体的におとなしい印象だ。だが、英雄ペルセウス、アンドロメダ王女など、**ギリシャ神話の古代エチオピア王家の伝説にちなんだ星座が多いのが見どころ**。夜空を眺めながら、古代の物語を家族で想像してみるのもよいだろう。

### GOOD!
**神話とともに星座が楽しめる**

ペルセウス座、アンドロメダ座、カシオペヤ座など、古代エチオピア王家伝説がモチーフの星座が多い。

### GOOD!
**夜が長く、観測しやすい**

月が出る日はきれいに星が見える時間が短い。夜が長いと、月が出る前にじっくり観測することができる。

### BAD
**明るい星が少ない**

秋の星空は、夏や冬の星空とくらべて**明るい1等星が少なく**おとなしい印象。天の川も夏より淡く見える。

### BAD
**天気が変わりやすい**

**天候が不安定な秋**。雲が出ると星が見えなくなってしまうので、しっかり天気予報をチェックし対策を立てよう。

## check!
### 秋の代表的な星座

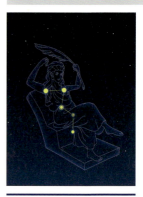

**カシオペヤ座**

5つの星がW字型に並んでいる星座。カシオペヤは古代エチオピア王妃で、アンドロメダ姫の母親である。

Step.1 ▲ 時期を決める

▶▶▶ 星座の探し方は142ページで紹介

### ペルセウス座

剣を持った手を振りあげ、もう片方の手には怪物メデューサの首を持つ、ギリシャ神話の英雄ペルセウスを表す。

秋の四辺形

### ペガスス座

翼を持った天馬ペガススにちなんだ大きな星座。胴体を表す4つの星「秋の四辺形」が特徴である。

### アンドロメダ座

海の怪物のいけにえとなるところを、英雄ペルセウスに救われたアンドロメダ姫を表している。

029

キャンプへ行く季節を選ぶ④
# 冬の星空キャンプ

一年で最も星が美しく見える季節。
寒さ対策をして星空を楽しもう

写真：大西浩次

## 星が明るく空も澄んで観測向き

の夜空は明るい星が多く、**一年で最も星空がきれいに見える季節**。冬の夜空には、たくさんの明るい星が輝いている。なかでも有名なのが、並んだ3つの星が特徴的なオリオン座。星座に詳しくなくても見つけやすいので、ここを足がかりに冬の星空を把握していこう。ふたご座流星群やしぶんぎ座流星群など、**流星が見られるチャンスが多いのも特徴**だ。

もちろん、寒さ対策は必須。冬の高地はきれいに星が見える最高の条件であるが、厳しい寒さに見舞われる。平地のキャンプ場を選ぶか、**ストーブで暖を取ったり、何枚も重ね着して完璧な防寒を心がけよう**。そうすれば忘れられない星空に出合えるはず。

### check!
### 冬の代表的な星座

オリオンの三ツ星

**オリオン座**

ギリシャ神話の狩人オリオンにちなんだ星座で、ベルトを表す「オリオンの三ツ星」がよく知られている。

### GOOD!
#### 見つけやすい星座が多い

**オリオン座**、**おおいぬ座**、**こいぬ座**といった明るい星を含む星座が多く、見つけやすいのが特徴。

### GOOD!
#### 一年で最も空気が澄んでいる

冬は気温や湿度が下がり、空気中の**チリ**や**水蒸気が少なくなる**。そのため光をさえぎるものがなく、**星が見やすくなる**。

### GOOD!
#### 夜が長いためゆっくり観測できる

あっという間に日が暮れ、夜が長い。その分、**星を見られる時間が長くなるので**、星空観測には最適。

### BAD
#### 夜は極寒、寒さ対策が必須

長時間、寒いなかで星空を見るので、毛布やカイロ、マフラー、手袋などでしっかりと**寒さ対策をしよう**。

030

Step.1　時期を決める

▶▶▶ 星座の探し方は144ページで紹介

おおいぬ座

猟犬の姿を表した星座。青白く輝くシリウスは全天で最も明るい。古くはナイル川の氾濫を知らせる星とされた。

こいぬ座

「冬の大三角」を形づくる星プロキオンを中心とした小さな星座。犬の姿を連想するのは難しいかもしれない。

おうし座

黄道12星座のひとつ。赤い星アルデバランは右眼を表している。プレアデス星団（すばる）という星の集団を含む。

# 月の満ち欠けと動きを知る

星も月もどちらも好きだという人は多いはず。しかし、月明かりは観測の敵。
きれいな星空を見るためには、月の出ない日をキャンプ日に選ぶ必要がある

満月のころの富士山周辺の写真。満月の時期は月明かりが強く、写真には星の光がほとんど映らない。

## 月明かりが星を見えなくする

**星**がきれいに見えると評判のキャンプ場へ行ったのに、全然星が見えなかった。このような失敗の多くは、**月が出ている日に星空キャンプをしてしまったことが原因**。きらきらと輝いているように見える星々も、ひとつひとつの明るさは弱いもの。強い月明かりに照らされると、とたんに見えなくなってしまうのだ。もちろん強く光る星は月が出ていても見ることができるが、それでは都会で見る星空と変わらない。「楽しみにしていた星空が全然見えない」という悲しい失敗を避け、思い出に残る星空キャンプにするためにも、キャンプ日は月が出ない日に設定しよう。

月が出ない日を選ぶポイントは、「月の形」と「月の出入り」。詳細は34ページ以降で解説するが、**月の明るさや月が昇る時刻、沈む時刻はインターネット**などで簡単に調べられる。月が出ない新月の時期が理想ではあるが、月が夜遅くに昇る時期なども観測の絶好のチャンス。

STEP.1 時期を決める

## インターネットで月の状態を調べよう

**具**体的な月の動きについては、次ページ以降で解説するが、インターネットを使えば簡単に観測する日の月の満ち欠けの状態を調べることができる。特にわかりやすいのが「てんきとくらす」というサイトの「夜空のカレンダー」というページ。月の形や月の出入りの時刻がひと目でわかるようになっている。

キャンプ日を決める時に大事なのが、月が出る時刻。例えば午後10時まで星空観測をするなら、月の出る時刻が午後10時以降であれば基本的には問題なし。何時まで星空観測をするのか決めてから、候補日が問題ないかチェックしよう。

URL：http://tenkura.n-kishou.co.jp/tk/star/star_cal.html

### advice
#### 月齢カレンダーも便利

日付と一緒にその日の月の形が描かれた「月齢カレンダー」を手もとにおいておくと、どの時期が星空キャンプに向いているかひと目でわかる。

### check!
#### 星空キャンプに明かりはNG
月明かり以外にも、さまざまな明かりが星を見にくくする

**街の明かり**

近くに都市があると、夜でも空が明るく照らされるため星が見えにくくなる。街明かりを避けるキャンプ場選びは50ページで紹介。

**ライトの明かり**

暗闇に慣れると、かすかな星の光も肉眼で捉えることができる。ただし、懐中電灯などの光を見ると、再び見えにくくなる。

**車の明かり**

同じく星空キャンプで注意したいのが車のライト。ほかの天体観測をしている人にも迷惑がかかるので気をつけよう。

033

月の満ち欠けと動きを知る①

# 月の形が変わる周期

星をきれいに見るために、月についての基本的な情報を知っておこう。
月の動きのルールがわかれば、星空キャンプの計画が立てやすくなる

**満** 月や三日月、新月など、月の形が移り変わっていくのは多くの人が知っているだろう。しかし、生活のなかで月の満ち欠けを意識する機会は多くないはず。絶好の観測日和に星空キャンプをするために、まずは月の満ち欠けについて知っておこう。

右図は2018年8月の月の満ち欠けを記載したカレンダーだ。**月は約1ヶ月の間に新月→三日月→上弦の月→満月→下弦の月→新月と形を変えていく。**上弦の月と下弦の月は半月だ。月を弓に見立て、沈む時に弦の部分（半月の直線部分）が上に来るのが上弦の月、下に来るのが下弦の月である。**同じ半月でも、上弦の月と下弦の月では出入りの時間が違い、星空キャンプに大きな影響を与える**ので、しっかり覚えておこう。

### 29.5日周期で形を変える月

**月** の満ち欠けの周期は29.5日。満月が一晩中明るい日もあれば、新月のように月の出ない日もある。また、月の形は月の出入りの時刻とも関連していて、月の形がわかれば、月が昇ってくる時刻もおよそ見当がつく。

新月に星空キャンプができればベストではあるが、**新月周辺の時期も夜に月が出ている時間が短く観測向き。**特に満月から新月になる下弦の月のころは、夜遅くに月が上がってくる。**小さな子がいて遅くまで起きれない親子連れキャンパーには、絶好の観測時期だ。**

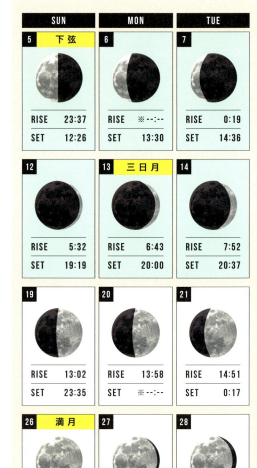

※月の出入り時刻が24時をすぎる場合、カレンダー上は翌日に記載される。

Step.1 時期を決める

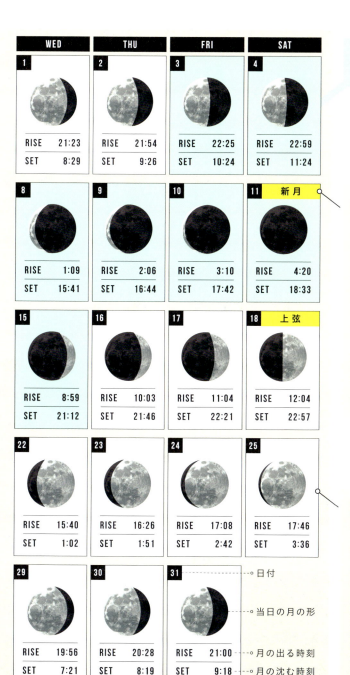

星空キャンプ
おすすめの時期

{ advice }

### 新月周辺の時期は
### 星空キャンプ日和

月が出ない新月の時期は、一晩中観測ができる絶好の星空キャンプ日和。子どもが寝静まったあとにゆっくり星を見たり、時間をかけて星の写真を撮ったりしたい人におすすめの日だ。しかし、そんなに長く観測しないのであれば、新月前後も星空キャンプに向いている。上弦の月と下弦の月で月の出入りの時間が大きく変わってくるので、次ページの「月の形と出入り」を参考に計画を立てよう。

{ advice }

### 満月周辺の時期は
### なるべく避けよう

明るいだけでなく満月の時期は一晩中月が沈まない。明るい月が日が沈むのと入れ替わりで昇り、日の出とともに月が沈んでいく。満月を観賞するのも風情があるが、星空観測には向いていない。星がまったく見えないわけではないが、この時期の星空キャンプは避けたい。

035

月の満ち欠けと動きを知る②

# 月の形と出入り

1ヶ月におよそ1日しかない新月の日に、予定を合わせるのは難しい。
半月の時でも月の動きのルールを知れば、星空キャンプに行ける日が増える

## 下弦か上弦かで、観測タイミングが変わる

**新** 月の日に星空キャンプをするのが理想ではあるが、月に一度しかない日に家族の休みを合わせるのは難しいだろう。また、その日が天気に恵まれるとも限らない。できれば、もっと広く観測候補日をとっておきたいところだ。

そんな時に知っておきたいのが、下弦の時期と上弦の時期の月の出方の違い。**下弦の月およびその前後の時期の月は、夜更けの時間帯に昇り、明け方に最も高い位置に来る。**上弦の月およびその前後の時期の月は夕方に最も高い位置に来て、明け方には沈んでしまう。月の形によって、月が出ている時間帯が変わってくるのだ。

小さい子どもを連れて星空キャンプをする場合は、夜遅くまで観測することはないだろう。そのため、**真夜中に昇る下弦の月の時期は観測の絶好のチャンスだといえる。**逆に遅い時間まで月が沈まない上弦の月の時期は、まったくの不向きだといえるだろう。

こうして月の動きを見てみると、満月の時期が観測に向いていない理由がわかるはずだ。夕方に昇り明け方に沈むため、月が夜空を常に照らしているのだ。

### 各時間帯の下弦の月の位置

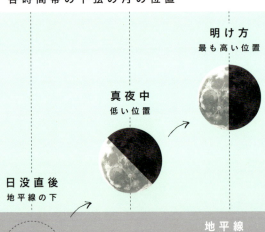

明け方
最も高い位置

真夜中
低い位置

日没直後
地平線の下

地平線

### 下弦の月は月が出る前が観測チャンス

半月を弓に見立てた時、弦の部分（半月の直線部分）を下にして沈む月を下弦の月という。夜遅い時間に地平線から昇り、明け方に一番高い位置に来る。日没後しばらくは夜空に影響を与えないため、早目の時間帯が観測チャンスだ。

036

## 各時間帯の上弦の月の位置

**上弦の月は沈んだあとが観測チャンス**

半月を弓に見立てた時、弦の部分を上にして沈む月を上弦の月という。昼の時点から月が出ており、夕方には最も高い位置に移動する。そこから沈み始めるが、地平線の下に沈むのは夜遅い時間なので、家族キャンプにはおすすめできない。

## check! 満月は一晩中月が出て、星が見えにくくなる

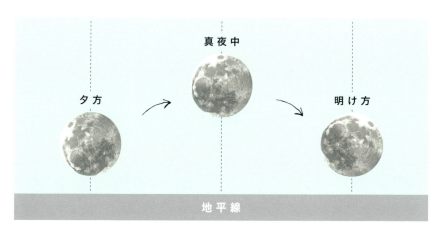

**満** 月の月の動きを見てみると、日が沈むとともに昇り始め、日が昇るのと交代で沈んでいく。わざと星を見えなくするかのように、夜通し夜空を照らしているのだ。

そのため、星を見たいのであれば満月の日を避けなければならない。数日経てば月が昇る時間が遅くなってくるので、そのタイミングで星空キャンプへ行くようにしよう。

# 当日の天気を見定める

天体観測の大敵である雲。当日の天気は運次第と思われがちだが、しっかりとリサーチすれば、さえぎるものがない星空を見られる確率が大幅に上がる

## 天候に恵まれないこともあるけれど、対策は立てられる

　雲は星空キャンプの天敵。どんなきれいな星空が広がっていても、どんよりとした曇り空しか見えなくなってしまう。しかし、心配は無用。天気は人の力では変えることができないが、**天気を予想し対策を立てることは可能だ。**

　まずは、なるべく早い段階で天気を予測しておくことが肝心。気象庁発表の天気予報では1週間先の天気を知ることができる。**また、GPV気象予報では最大11日後の天候を予測することが可能**。その時の雲の動きまで予測ができるので、ぜひ活用しよう。当日の天気がわかれば、次は対策を。**一番のおすすめはキャンプ場の候補地を複数用意しておくこと**。一ヶ所が曇っていても、反対方向に位置するキャンプ場は晴れているということもあるので、柔軟に対応できるようにしておこう。キャンプ場に着いたあとに曇ってしまった場合は、車で少し離れた場所へ移動するか、温泉など別の楽しみに切り替えるのもひとつの手だ。

雲間から星が見えることもあるが、なるべくなら快晴の日にキャンプを行いたい。

Step.1 時期を決める

## 天気があやしい時の対処法

**候補地を
複数用意する**

直前になるほど天気予報は正確になる。当日の天気を見定めてキャンプ地を複数選ぼう。

**車で離れたところに
移動する**

現地が曇っていた時は、標高の高いところや離れた場所に車で移動し、雲間を探すとよい。

**別の楽しみに
切り替える**

悪天候に備えて、焚き火や花火を楽しむ、温泉へ行くなどのプランも用意しておこう。

### { advice } GPV気象予報を活用しよう

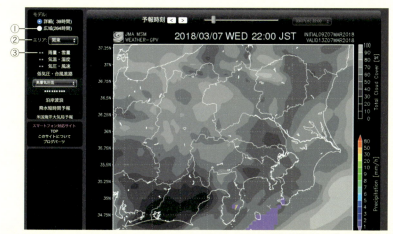

URL：http://weather-gpv.info/

GPVとは、Grid Point Value（格子点値）の略。格子状にエリアを区切り、各地点の気象情報の変化をコンピューターで予測したものだ。「GPV気象情報」というサイトでは、左上にある「モデル」という項目から①「広域」を選び、②キャンプ場があるエリアを指定して、③「雨量・雲量」をクリックすると、11日先の雲の予報を知ることができる。

# 天体イベントで選ぶ

番外編

天の川や流れ星など、見たい天体イベントに合わせて計画を立ててもOK。
当日、月や雲が出ない好条件だった場合は絶対に逃さないようにしたい

---

## 子どもの心を動かす、スペクタクルな天体ショーを狙う

キャンプ日を決める重要事項を理解したうえで、見たい天体イベントでキャンプ日を決めるのもおすすめだ。

例えば天の川や流星群。**天の川は夏がベストだが、秋や冬にも観測できる。**しかし、小さな星々が集まっているため、月明かりや街明かりですぐに見えなくなる。なので春以外の季節で、月が出ない日を選ぼう。**流星群は年に11回ほど観測のチャンスがある。そのなかでも特に流れ星が見**やすいのが、8月と12月。時期も決まっているので、家族の休みを調整すれば高確率で流星が見られるはずだ。

そのほかにも、月食や日食、すい星や惑星の接近などさまざまな天体現象がある。天体現象の神秘に触れ、自然や宇宙に対して興味を持つようになれば、子どもの教育にもプラスになるはずだ。できれば、その天体イベントがどういう仕組みで見られるのかをしっかりと把握しておきたい。

**天の川** ▶p.042

天の川は英語でミルキーウェイという。小さな星々が集まって道のようになっている。

**流星群** ▶p.044

すい星の軌道に地球が突入すると、すい星の残したチリが大気とぶつかり多くの流星が見られる。

Step.1 時期を決める

## そのほかの天体イベント

月の一部が欠ける部分月食の様子。

### 月食

地球が太陽と月の間に入り、月に当たるはずの太陽光がさえぎられることで起きる現象。月全体が地球の影に入ることを皆既月食、部分的に入ることを部分月食といい、皆既月食の時は月が赤く見える。

【今後見られる月食】
皆既月食 2018.7/28 2021.5/26
部分月食 2019.7/17 2021.11/19

### すい星

氷などでできた小さな天体。太陽の周りを公転し、太陽に近づくと尾が生じるものもある。地球に近づくすい星は珍しいため、肉眼で観測するチャンスを逃さないようにしたい。

【2018年に見える可能性のあるすい星】
ジャコビニ・チンナーすい星 9/17-21
ウィルタネンすい星 11月上旬・1月上旬

(出典：星ナビ2018年1月号)

1997年に観測されたヘール・ボップすい星。

## check! 今後の天体イベント

【2018年】

| 5/6 | みずがめ座η流星群が極大 |
|---|---|
| 7/28 | 明け方に皆既月食 |
| 7/31 | 火星大接近 |
| 8/13 | ペルセウス座流星群が極大 |
| 8/18 | 宵の明星が見頃 |
| 10/22-24 | オリオン座流星群が極大 |
| 12/14-15 | ふたご座流星群が極大 |

【2019年】

| 2/19 | 金星と土星が大接近 |
|---|---|
| 2/19 | スーパームーン |
| 7/17 | 部分月食 |

【2020年】

| 4/7 | スーパームーン |
|---|---|
| 10/6 | 火星大接近 |
| 12/21-22 | 木星と土星が大接近 |

天体イベントで選ぶ①

# 天の川がきれいに見える日

「きれいな星空」の代名詞ともいえる天の川。見えるか見えないかで星空キャンプの満足度は大きく変わってくるはずだ。見るためのポイントをしっかりと押さえよう！

## 春の星空、月明かりと街明かりにご用心！？

星が集まりうっすらと白い筋のようになっている様子を見て感動した人も多いことだろう。**明かりが多い場所で見られないこの星空は、実は簡単な条件だけ守れば楽に見られるのだ。**

そのひとつが見に行く季節。天の川は七夕伝説の影響もあり、夏の天体イベントというイメージが強い。もちろん夏が一番濃くはっきりと見えるのだが、秋や冬でもきれいに見ることができる。しかし春は天の川が地平線のあたりにあり、昇ってくるのに時間がかかる。そのため春に天の川観測を目的とするのは避けたほうが無難だ。

もうひとつの条件が、周辺の暗さだ。天の川は小さな星の集まり。大きく見えても、それぞれの星の輝きは弱いのだ。そのため、**周辺に街やスキー場、ゴルフ練習場などがあり空が明るくなると途端に見えなくなる。**月明かりに気をつけるだけでなく、周辺施設の明かりも少ない地域にキャンプへ行くことが必要だ。

2018年8月中旬21時ごろの東京の星空
提供：国立天文台

夏の天の川は夜空を南北に横切っている。地平線からは離れていて観測しやすい。

2018年5月中旬21時ごろの東京の星空
提供：国立天文台

天の川が西側の地平線に沿うように位置する。そのため山や街明かりがあるとまったく見えなくなる。

Step.1 時期を決める

## ｛ *advice* ｝ 夏は天の川の濃い部分が見える

ほかの星と同じように、天の川の位置は季節によって移り変わる。また、変化するのは位置だけではない。星が密集している部分が移動するので、濃さも目に見えて変わるのだ。

最も濃い部分は、夏の星座であるいて座とともに現れる。その部分は銀河系の中心方向であり、星が密集している。天の川を見る際は絶対に見逃さないようにしたい。

## 天の川が見える方向の明るさに注意

季節によって見える方向が違う天の川。どの方角に見えるかは138ページ以降、季節の夜空の図を用いてチェックしよう。また、**その方向に月明かりや街明かりがないか注意**。月明かりは当日の月の動きを事前に理解することで、街明かりはキャンプ場の場所と付近の街の位置関係を調べることで対処できる。

### *check!* 日本の7割の地域では天の川が見えない!?

2016年の科学誌に掲載された研究によると、日本の人口の70％が天の川の見えない環境下で暮らしているという。いかに天の川が見える環境が貴重かがわかる。

月明かりについては32〜37ページ、
街明かりについては50ページを参考にして対策を立てよう。

043

天体イベントで選ぶ②

# 流れ星が見やすい日

願い事を唱えると叶うといわれる流れ星。逆にいえば、それだけ見つけにくいということ。しかし、流れ星を一晩にたくさん見つけるチャンスが、実は一年に何回もある

写真：国立天文台

同じ日に撮った数枚の写真を合成したもの。流星群が現れる日には数多くの流れ星が見える。

### 1時間に100個見えることも！？

流れ星は、観測が難しいもの。しかし、流れ星の数が増える流星群のタイミングであれば、見られるチャンスは劇的に増える。**一年で最も流れ星が見られる「ふたご座流星群」では、熟練した観測者ならば1時間に100個の流星が観測できることもあるという。**

流星群を見る時のコツは、寝転がりながら見ること。首を痛めず、広い視野で夜空を眺めることができる。シートや寝袋を活用して観測しよう。

## check! いろいろな流星群

| 流星群名 | 例年の流星出現期間 ※1 | 最も見える日 ※2 | 1時間あたりの流星数 ※3 |
|---|---|---|---|
| しぶんぎ座流星群 | 12/28-1/12 | 1/4ごろ | 45 |
| 4月こと座流星群 | 4/16-4/25 | 4/22ごろ | 10 |
| みずがめ座η（エータ）流星群 | 4/19-5/28 | 5/6ごろ | 5 |
| みずがめ座δ（デルタ）南流星群 | 7/12-8/23 | 7/30ごろ | 3 |
| **ペルセウス座流星群** | 7/17-8/24 | 8/13ごろ | 40 |
| 10月りゅう座流星群 | 10/6-10/10 | 10/8ごろ | 5 |
| おうし座南流星群 | 9/10-11/20 | 10/10ごろ | 2 |
| オリオン座流星群 | 10/2-11/7 | 10/21ごろ | 5 |
| おうし座北流星群 | 10/20-12/10 | 11/12ごろ | 2 |
| しし座流星群 | 11/6-11/30 | 11/18ごろ | 5 |
| **ふたご座流星群** | 12/4-12/17 | 12/14ごろ | 45 |

※1：一般的な出現期間で流星が少ない日も含む　※2：年によって1～2日ずれる可能性がある
※3：日本付近で、最も見える日に充分暗い空で観測した時に予想される1時間あたりの流星数

出典：国立天文台

| 2 大おすすめ流星群 |

Step1　時期を決める

夏休みのビッグイベント

### ペルセウス座流星群

8月13日ごろに流星が最盛期を迎えるペルセウス座流星群。年間でも1、2を争うほど流れ星が見えるうえ、**お盆休みの時期と重なるため、国内で最も注目度が高い**。そのため、人気の観測地は混みあうので注意が必要。午後9〜10時ごろに流星が見え始め、明け方まで観測しやすい時間が続くので、じっくりと流星探しができる。

| | |
|---|---|
| 出現時期 | 7/17-8/24 |
| 最も見える日 | 8/13ごろ |
| 1時間あたりの流星数 | 40個 |

年間で一番多くの流星を見るチャンス

### ふたご座流星群

冬の寒い日ではあるが、たくさんの流れ星が見やすいのがふたご座流星群の時期だ。**毎年安定して数多くの流星が見られるのが特徴**。最も見える12月14日を過ぎると、急激に見えなくなるので注意が必要だ。午後9時ごろから明け方まで見えるので、事前に観測の準備をしっかりして備えよう。冬の夜は冷え込むので、徹底した防寒が必要だ。

| | |
|---|---|
| 出現時期 | 12/4-12/17 |
| 最も見える日 | 12/14ごろ |
| 1時間あたりの流星数 | 45個 |

COLUMN

# 星空キャンプ Ⓠ & Ⓐ 時期選び編

星がきれいに見えるタイミングがわかっても、実際に出かける前になると不安になるもの。
時期選びの細かいポイントについて、しっかりと押さえておこう

---

Ⓠ **春秋ならともかく
寒い冬にキャンプ
なんてできるの？**

Ⓐ **対策さえすれば
冬はキャンプ向き**

星がきれいに見える冬は、実はキャンプ
が楽しい時期。113ページで紹介するよ
うにストーブを設置すれば、快適に過ご
すことができる。雪が多い場合は圧雪作
業が必要だが、キャンプ場がやってくれ
る場合もあるので問い合わせてみよう。

---

Ⓠ **とにかく虫が苦手。
それでも大丈夫な
季節はありますか？**

Ⓐ **虫嫌いの人には
秋のキャンプが◎**

家族のなかに虫嫌いがいる家庭も多いは
ず。そんな場合におすすめなのが秋の
キャンプ。気温が下がってくるのでキャ
ンプ場にいる虫がぐっと少なくなる。冬
ほど防寒対策（112、116ページ）が難しく
ないのも嬉しいところ。

---

Ⓠ **悪天候で星が
見えないのは嫌。
よい対策はある？**

Ⓐ **キャンプ場周辺の
晴天率を調べよう**

過去数十年間において、晴天になった
日を確率で表したのが晴天率。キャン
プへ行く日の晴天率が高ければ、当日
晴れる確率はぐんと上がるので、キャ
ンプ場がある地域の晴天率を、インター
ネットなどで下調べしておこう。

---

Ⓠ **夏や冬の星座は
その季節にしか
見えないの？**

Ⓐ **明け方には夏でも
冬の星座が見える**

夏は午後8〜9時ごろ、冬は午後6〜7
時ごろといった観測に適した時間に季節
の星座が見やすい位置に来る。しかし、
星の動きは早く、夏でも明け方には冬の
星座が見えるほど。星座早見盤（130ペー
ジ）を使って星座の動き方を調べよう。

CAMP UNDER THE STARS
— Step2 —

# 星がきれいに見える
# キャンプ場を選ぶ

— 047-107 —

TO CHOOSE A CAMPGROUND

キャンパーにとってのキャンプ場は
気軽に遊びに行ける友だちの家のようであり
心安らぐ第二のふるさとのようでもある。
一度お気に入りのキャンプ場と出合えれば
それは家族にとってかけがえのない財産だ。
最高の星空キャンプ場を選ぶコツを見ていこう

監修：松尾真里子（プロキャンパー）

知っておきたい基礎知識

# キャンプ場選びの3つのポイント

時期だけでなく、どこで見るかも大切。
きれいに星が見える条件をしっかり把握して
最高の星空キャンプをセッティングしよう

## 暗さはもちろん、標高の高さと視野の広さも大事

せっかく星が見える日を調べたのだから、キャンプ場選びも失敗したくないもの。ただ、星を売りにしているようなキャンプ場でも、周囲が明るくてあまり星が見えないという場合もある。**星空キャンプに向いているキャンプ場の条件をしっかり理解して、ある程度自分で判断できるようになろう。**

まず大切なのが、キャンプ場の暗さだ。施設内に過度な明かりがないことはもちろん、周辺に大都市がないことが重要だ。都市から数十km離れていても、そちらの空だけ明るく星が見えにくいこともある。山などで街明かりがさえぎられていると、星がきれいに見える。

また、標高が高いと空気が澄んでいる。**星の輝きを邪魔することがない、透明度の高い空で観測したい。**そして意外と重要なのが視野の広さ。テントから見たいのに周りが林なんて事態はよくあること。事前にしっかりリサーチしよう。

Step2 キャンプ場を選ぶ

## Point 01 光害 LIGHT POLLUTION

過剰な明かりによって、星空が見えなくなったり人体に悪影響を与えたりすることを光害（こうがい、またはひかりがい）という。**キャンプ場選びには光害の少なさが第一。**51ページの地図を参考に、街明かりが少ないキャンプ場を選ぼう。また都市から比較的近くても、山間や盆地だと充分暗さがある。

詳細はp.050で解説！

## Point 02 標高 ELEVATION

星の名所といわれる場所は標高が高いことが多い。それは暗さを確保しやすいこともあるが、**標高が高いほうが空気が澄んでいるからでもある。**チリやほこりなどがないと、星はよりきれいに見える。ただし、普段きれいに見える地域でも、黄砂が舞う時期があるので注意しよう。

詳細はp.052で解説！

## Point 03 視野 FIELD OF VISION

視野がさえぎられていては、星空キャンプの楽しさは半減だ。星座を探していて、見たい星が山や木々で見えなかったりすることもある。**夜になる前に観測場所を決めて、広い視野で観測できるようにしたい。**キャンプ場から少し離れた場所に移動するのもおすすめだ。

詳細はp.054で解説！

# 光害について調べる

街中で星が見えないのは、人工の光が溢れているから。
空を照らし人間の目を明るさに慣れさせる効果が、街明かりにはある

## 星と夜景は同時には楽しめない!?

100万ドルの夜景といわれることもあるが、必要以上の明かりは星を見えなくする。こうした、過剰な明かりで星が見えなくなったりする弊害が出ることを光害という。キャンプ場選びをする際は明るい地域を避けることが必要だ。

次ページの日本地図を見てみよう。これは夜の日本を宇宙から撮影したものだ。**東京や愛知、大阪などの大都市はずば抜けて明るくなっていることがわかる**。大都市に住んでいる人はもちろん、これらの近辺に住んでいる人も注意が必要で、大都市の明かりは数十km離れていてもまばゆいばかりに空を照らす。**なるべく遠くまで離れたキャンプ場に行くか、山に囲まれ光が届かない山間部のキャンプ場を選ぶとよいだろう**。

また場内の明かりの少なさも大切だ。人間は30分ほどすると暗闇に慣れ、星の小さな光を捉えやすくなる。ただ、明かりに照らされるとまた30分必要なので、なるべく暗いところで観測したい。

街の明かりが輝いて見えるところでは、きれいな星は見にくい。

# キャンプ地選びのポイント

## 大都市だけでなく街明かりにも注意

まばゆいばかりに照らす大都市の明かりはもちろん、数千人規模の街の明かりでも光害はある。星空キャンプをする際は、大都市だけでなく街からも離れたキャンプ場を選ぶのが大切だ。

## 街の光がさえぎられる山間部がおすすめ

直線距離であまり遠くまでいかなくても、光害を克服する方法がある。それは、街から山を隔てたキャンプ場に行くこと。街明かりがさえぎられるために、きれいな星空が見られるようになる。

## 見たい方向の空に光害がないように

天の川や星座など、見たい天体の方向と大都市がある方向が重なっているようであれば、注意が必要。その方角だけ星が見えづらい場合がある。キャンプ場選びの際は、そのことも考慮しよう。

### { advice } 自治体の光害対策

過度な光は天体観測だけでなく、生態系にも悪影響を与えてしまう。そのため条例をつくり、光害対策に乗り出した自治体がある。岡山県井原市美星町では「美しい星空を守る美星町光害防止条例」が、群馬県高山村では「高山村の美しい星空を守る光環境条例」が施行されている。

美星町の街灯。カバーで覆うことで、水平以上に光が進まないようにしている。

## 標高の高いところへ行く

星がきれいに見えるキャンプ場は、標高が高いところが多い。
澄んだ空気だからこそ見える星空は、一回は見たい光景だ

標高が高いキャンプ場は、星だけでなく昼の景色も楽しめる。

### 高地のほうが低地よりも星がきれいに見える

れいな星空を見たいのであれば、標高が高いキャンプ場に行くのがおすすめ。

例えば、天体の光をもとに宇宙を研究する天文台は、高地にあることが多い。<u>それは標高が高いほど大気圧が下がり、空気によって光が分散しにくくなるから</u>。標高2,000mでは、大気圧は地表の80%になるという。また、大気圧だけでなく、空気が澄んでいることも重要。チリやほこり、空気中の水分には重さがあるため、標高が高いところまでは上昇しにくい。そのため空気中の不純物が減り、空気の透明度が増す。

<u>加えて、標高が高いと充分な暗さが期待できるのが嬉しいところ</u>。付近に大都市が存在しないことが多く、街があってもその明かりがキャンプ場まで届かない。つまり、星を見るのに好条件がそろいやすいのだ。

しかし、難点は気温が低くなりがちなこと。<u>特に夏以外の季節は極寒。しっかりと対策しよう。</u>

Step2　キャンプ場を選ぶ

## 高地で星がきれいに見える理由

### 街の明かりが届きにくい

空が街の明かりに照らされると、その強い光で星が見えなくなってしまう。ところが標高が高い山間地域だと、交通の便が悪く街が発展しにくい。そのため、星空観測に悪影響を与えるほどの光害は発生しにくいのだ。また、山の峰が入り組んでいるので、街明かりがあってもさえぎられる。

### 空気が澄んでいる

標高が高いと、上空にチリやほこりが舞い上がりにくい。そのため空気の透明度が高まる。空気が澄んでいると星の光がそのまま目に届くので、星がきれいに見えるのだ。特に気温が高く空気の透明度が下がりやすい春や夏は、高地での観測がおすすめ。

### 高地では徹底した防寒を

一般的には100m標高が高くなるごとに0.65℃温度が下がるといわれる。これは地表付近の気温が10℃ある日でも、標高1,000mの場所では3.5℃になることを意味している。秋冬の夜はより冷え込むので注意が必要。暖房が使えるコットン幕のテント（112ページ）など、徹底した防寒対策が必要になる。夏でも昼との気温差が大きくなるので、重ね着をして体温調整ができるようにしておこう。

### check!
### 観測所は高地に多い

長野県の野辺山高原（標高1,300m）に国立天文台の宇宙電波観測所があるように、標高が高いところに観測所が建てられることが多い。その究極ともいえるのが、南米チリのチャナントール山にある東京大学アタカマ天文台。その標高はなんと5,640mで、チリの乾燥した空気とあいまって、空気の透明度の高さは世界最高峰。観測者にとっては過酷だが、それだけ標高が高いと星空がきれいだということだ。

# 視野が開けた場所で見る

見晴らしのよいところで観測していると、星空に包まれているような感覚になる。そんな体験を味わうには、キャンプ場の立地にこだわることが大切だ

## 360°開けた星空が、宇宙の神秘を感じさせる

林のなかにあるテントサイトは豊かな自然を感じられるが、星空は真上の部分しか見られない。星空を楽しみにしていた家族にとっては、がっかりしたキャンプになってしまうだろう。そうならないためにも、**予約の段階で天体観測をしたいという希望を伝えるのが大切だ**。それに加えて、事前に視野が開けているキャンプ場を選ぶのもよいだろう。

キャンプ場のなかには野原になっていたり、丘の上にあったりして、景色のよさを売りにしているところがある。**360°の視野で見る星空は、わたしたちを非日常へと連れて行ってくれる**。またたく星は地球が宇宙の一部であり、人間がちっぽけな存在であることを感じさせてくれるのだ。そんな宇宙の大きさを家族で感じることができれば、忘れられない体験になるはず。

**キャンプ場でよい立地の場所が見つからなければ、車で見晴らしのよい場所へ行くことも可能**。

Step2 キャンプ場を選ぶ

## 事前に観測場所を決めておこう

星空キャンプの満足度は、どこで星を見るかによって決まるといっても過言ではない。それだけロケーションは大切。テントサイト自体が好立地であればいうことはないが、**そうでない場合はキャンプ場内での観測場所の目星をつけておこう**。暗くなってからよい場所を探すのは時間がかかるし危険なので、昼のうちにリサーチしておくのがおすすめ。その時に注意しておくのは、夜になった時の景色を想像すること。**子どもがつまずいて転びそうな場所は、暗いところでは危険なので避けたほうが無難だろう**。また、建物や自動販売機のすぐそばは、明かりが灯って暗闇に目が慣れにくくなってしまうので注意が必要。特に星の写真を撮る場合は、細かな木の枝などの写り込みに気をつけて、撮影のベストスポットを探してみよう。

### } advice {

#### キャンプ場から出るのもアリ！

当日キャンプ場へ行ってみてロケーションがイマイチだったら、キャンプ場を飛び出してみるのもおすすめだ。自然公園や広い駐車場などであれば、確実に広い視野で星を見ることができる。また、地域ごとに星の有名な観測スポット（100ページ）があったりするので、困ったら調べてみよう。

# 星空がきれいに見える
# おすすめキャンプ場

好条件のキャンプ場を25ヶ所紹介する。観測会を開催していたり、場内の観測施設が充実していたりと個性豊かなキャンプ場が盛りだくさん。キャンプ場から立ち寄れる、おすすめ観測スポットも注目だ。

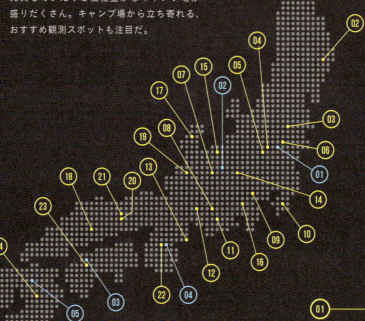

### おすすめ観測スポット

- 01 戦場ヶ原 ——— 098
- 02 美ヶ原高原 ——— 100
- 03 石鎚山 ——— 102
- 04 大台ヶ原 ——— 104
- 05 星野村 ——— 106

- 01 星に手の届く丘キャンプ場 ——— 058
- 02 望洋平キャンプ場 ——— 061
- 03 エンゼルフォレスト那須白河 ——— 062

056

Step2 キャンプ場を選ぶ

**04** 星の降る森 ── 063

**05** みどりの村キャンプ場 ── 064

**06** キャンプ・イン・ドロブックル ── 066

**07** 高ソメキャンプ場 ── 067

**08** 銀河もみじキャンプ場 ── 068

**09** 西丹沢大滝キャンプ場 ── 071

**10** 内浦山県民の森 ── 072

**11** つぐ高原グリーンパーク ── 074

**12** 三の倉市民の里 地球村 ── 075

**13** 志摩オートキャンプ場 ── 076

**14** 清里中央オートキャンプ場 ── 078

**15** 妙高笹ヶ峰キャンプ場 ── 079

**16** ふもとっぱら ── 080

**17** 石川県健康の森 星と緑のキャンプ場 ── 083

**18** 星空間オートキャンプ場 ── 084

**19** 六呂師高原温泉キャンプグランド ── 096

**20** 峰山高原キャンプ場 ── 087

**21** 若杉高原おおやキャンプ場 ── 088

**22** 洞川キャンプ場 ── 091

**23** 姫鶴平キャンプ場 ── 092

**24** 五ヶ瀬の里キャンプ村 ── 093

**25** 輝北うわば公園 ── 094

### 紹介ページの見方

**A. キャンプ場基本情報**
名称や所在地、電話番号やキャンプ場の概要などを紹介。標高が600m以上か、コテージやバンガローがあるか、定期的に観測会が開催されるか、オートサイトかどうかがアイコン表示でわかる。

**B. 詳細解説**
キャンプ場の見どころや星の見え方、注意する点などをテキスト解説。

**C. 設備情報（DATA）**
シャワーや売店の有無など、施設情報を多数記載。

057

写真：瀧林正彦

北海道　CAMP SITE 01　HOKKAIDO

# 星に手の届く丘
# キャンプ場

星を見るためにつくられた
富良野のキャンプ場

高地　コテージ　観測会　オートサイト

住所：北海道空知郡中富良野町字中富良野ベベルイ
電話：090-1302-1422

　山と丘に囲まれた絶好の観測スポット富良野。朝日新聞が2010年に行った「読者が決める日本一の星空スポット」アンケートで見事1位に輝いた、日本有数の星空の名所だ。そして、その一流の星空を見るためにつくられたのが、星に手の届く丘キャンプ場だ。

　サラリーマンだった管理人が、「自分でキャンプ場をつくってみたい」という夢を叶えるべく、2003年に手づくりで一から始めたキャンプ場で、**きれいな星を見るためにまぶしい照明などは制限されている**。ふれあい牧場が併設されており、朝には羊が放牧されるのが特徴。夜には星を見

Step.2 キャンプ場を選ぶ

て、朝には動物と触れあえる、子どもにとっては夢のようなキャンプ場といえるだろう。大人には、レストランで美味しいジンギスカンが食べられるのが嬉しいポイントだ。**キャンプ場のレストランでありながら、2012年と2017年の2回ミシュランガイドに掲載されており、その味はお墨つき。**北海道でもなかなか食べられない希少な最高種のジンギスカンは、臭みが無く旨みがたっぷりでとてもジューシーだ。

　普通にキャンプをしても充実した時間が過ごせるキャンプ場ではあるが、なんといっても星の観測環境が抜群だ。街の明かりは周辺を囲む山や

A キャンプ場からは、天の川がくっきりと見える。
B 2人用のバンガローもある。
C 区画サイトは、タープを設営しても余裕がある。
D 全部のサイトに設置された直火が楽しめる炉。

写真：瀧林正彦

059

丘によってさえぎられているので、理想的な環境で星空キャンプを楽しむことができる。また、天体観測を目的にしているキャンパーが多いため、車のライトやランタンを過剰に使用する人が少ないのも嬉しいところ。**北海道ならではの広大な敷地を有しているため視野も開けており、全方位の星空が見渡せる。**

　キャンプ場内には、ウォシュレットつきのトイレや清潔な炊事場、さまざまな種類のコテージがあり、管理が行き届いている。直火OKなのも魅力のひとつで、すべてのサイトに焚き火可能な石造りの炉が設置されている。テレビドラマ『北の国から』に登場するような大自然のなかで、快適に最高の星空を楽しみたい。

## DATA

- 区画サイト
- 洋式水洗トイレ有
- シャワー有
- 芝生
- AC電源対応
- 直火OK
- レストラン有
- 炊事棟有
- ごみ捨て可
- テントレンタル可
- スタッフ常駐
- ペットOK

朝には羊が来訪することも。

キャンプ場からの夕日も見逃せない。（写真：瀧林正彦）

Step.2 キャンプ場を選ぶ

山頂付近から見る星空。(写真：天野領太)

岩手県 CAMP SITE 02 IWATE

## 望洋平キャンプ場
### (ぼうようたい)

すぐ近くには山頂の天文台

本格的な望遠鏡観測も可能

高地 ／ コテージ ／ 観測会 ／ オートサイト

住所：岩手県一関市室根町折壁字室根山1-177
電話：0191-64-3701

春には美しい花々が咲き誇る。

室根山(標高894.7m)の8合目付近にあり、空気が澄んで星が観測しやすい。また**周囲に山がない独立峰なので、低い位置にある星まで観測可能だ**。オートサイトからは気仙沼方面の海岸が一望できる。さらに山頂には、口径50cmの反射望遠鏡と口径15cmの屈折望遠鏡を備えた**「きらら室根山天文台」**があり、**本格的な天体観測も楽しめる**。天文台で天体観測をしたあと、キャンプ場に戻って星空を観測、翌朝は運がよければ雲海の上から朝日を見るといった楽しみ方も可能。山頂付近にはパラグライダー、ハンググライダーの基地もあり、自然の空を満喫できる贅沢なスポットだ。

**DATA**
・フリーサイト　・ごみ捨て有　・ペットOK
・洋式水洗トイレ有　・テントレンタル可
・芝生　・売店有
・炊事棟有　・スタッフ常駐

061

グランピングが楽しめる施設。

福島県　CAMP SITE 03　FUKUSHIMA

# エンゼルフォレスト
## 那須白河
### な　す　しらかわ

- 愛犬と一緒に楽しめる
- 設備充実のキャンプ場

高地　コテージ　観測会　オートサイト

住所：福島県岩瀬郡天栄村羽鳥湖高原
電話：0248-85-2525

　エンゼルフォレスト那須白河は、羽鳥湖高原にある総合リゾート施設だ。キャンプ場やコテージに加え、温泉やプール、レストランなども備えており、**テントや食事などが最初から用意されるグランピングを楽しむこともできる**。釣りやスキーなど季節に応じたアクティビティも可能だ。最大の特徴は、愛犬と一緒にキャンプできる設備が整っている点だろう。全キャンプサイトとコテージの多くがペット同伴可能になっているうえ、周囲を柵で囲んだドッグフリーサイトも用意されている。標高700mの高原地帯だけあって、天体観測には最適。また、**流星群などの天文イベント時には、観測会なども開催される**。

## DATA

- ・区画サイト
- ・洋式水洗トイレ有
- ・シャワー有
- ・AC電源対応
- ・レストラン有
- ・炊事棟有
- ・ごみ捨て可
- ・テントレンタル可
- ・売店・自販機有
- ・スタッフ常駐
- ・ペットOK

キャンプ場がある羽鳥湖高原の星空。（写真：川崎天文同好会）

Step2　キャンプ場を選ぶ

静かな環境で星空キャンプが楽しめる。

CAMP SITE 04
群馬県　GUNMA

## 星の降る森

充実のアクティビティで
親子で一日中楽しもう

高地　コテージ　観測会　オートサイト

住所：群馬県沼田市上発知町2543
電話：0278-23-7213

やわらかい芝のオートサイトがおすすめ。

　　星の降る森は、関越道の沼田ICから自動車で約15分の場所にあるキャンプ場だ。**アクセスしやすい立地だが、街の明かりが届かない森のなかにあり、名前のとおり降ってくるような星空を楽しめる。**テントやBBQセット・食材までそろったパックプランも用意されており、手ぶらで訪れて楽しむこともできる。さらに、ラフティングやカヌー、釣りなどの川遊びのほか、パラグライダーや四輪バギー、乗馬などの楽しみも充実。小さい子ども向けにはポニーに触れあったり乗ったりできるポニー牧場も。冬季はもちろんスキーやスノーボードも可能だ。昼間は自然のなかでの遊びを楽しみ、夜は星空を満喫できる。

### DATA

・芝生　　　　　・ごみ捨て可　　・遊具有
・AC電源対応　　・テントレンタル可　・ペットOK
・直火可　　　　・売店・自販機有
・炊事棟有　　　・スタッフ常駐

## みどりの村キャンプ場

群馬県 CAMP SITE 05 GUNMA

「星空の美しい村」から
満天の星空を眺める

高地 / コテージ / 観測会 / オートサイト

住所：群馬県吾妻郡高山村大字中山6853
電話：0279-63-2431

群馬県の小野子山のふもとに位置するみどりの村キャンプ場。所在地である高山村は「星空の美しい村」として知られており、夜間の明かりを抑制し、天体観測に支障が出ない照明の使い方を奨励する光環境条例が施行されている村だ。地域住民と自治体が一丸となって守る星空は一見の価値あり。キャンプ場自体が標高650mの高地に位置し、空気が澄んでいるのも星空がきれいに見える理由のひとつだ。

キャンプ場の特徴は、フリーサイトが充実しているところ。敷地も広々としているため、近隣のテントとの距離感を気にせず、自由にテントレイアウ

## Step2 キャンプ場を選ぶ

トを組みたい人におすすめだ。さらに近隣にある県立ぐんま天文台は、**一般公開されている天文台としては国内最大級の150cm反射望遠鏡を備える**ほか、予約申請すれば、自ら小型の望遠鏡を操作して天体観測をしたり、星空写真を撮影したりすることも可能だ。充実した設備で、きれいな星空を守る村の星空を心ゆくまで堪能したい。

A 高山村から見る満天の星空。
B ぐんま天文台から北極点を撮影した写真。
C 子ども向けの遊具も豊富。
D 天文台の隣にはモニュメントと絶景が。

### DATA
・フリーサイト ・芝生 ・売店・自販機有
・区画サイト ・AC電源対応 ・スタッフ常駐
・洋式水洗トイレ有 ・炊事棟有 ・遊具有
・シャワー有 ・ごみ捨て可

065

土呂部高原では刈られた茅が積まれ、目玉をつけるなどデコレーションがされている。

CAMP SITE 06
栃木県　TOCHIGI

## キャンプ・イン・ドロブックル

豊かな自然環境のなかで
満天の星空を楽しめる

高地　コテージ　観測会　オートサイト

住所：栃木県日光市土呂部97
電話：0288-97-1026

開けており、緑が豊かなキャンプ場。

キャンプ・イン・ドロブックルは日光市の西北部、土呂部高原にあるキャンプ場。日光市街から、車で1時間半ほど離れた閑静な場所に位置し、キャンプ場の脇には清流・土呂部川が流れる。水深が浅く流れも穏やかなため、子どもでも安心して川遊びが楽しめる。**整備されたテントサイトのほか、ケビン（山小屋風の宿泊施設）も充実**。街から遠く離れた場所にあるため、光害も少なく観測を楽しむにはもってこいの環境だ。

昼と夜の寒暖差には注意が必要だが、**高原に位置するため空気も澄んでいる。騒音も少なく静かなのも嬉しいところだ**。澄んだ空と大自然に囲まれて、星空を満喫できるキャンプ場である。

### DATA

・フリーサイト　・ごみ捨て可
・シャワー有　・売店・自販機有
・芝生　・ペット可
・炊事棟有

066

Step2　キャンプ場を選ぶ

高ソメキャンプ場の空に輝く星。© Yoshifumi ITOH

CAMP SITE 07

長野県　NAGANO

## 高ソメキャンプ場
たか

乗鞍の懐に抱かれて
夜空の星やホタルを楽しむ

高地　コテージ　観測会　オートサイト

住所：長野県松本市奈川2212-16
電話：0263-79-2919

標高が高く夏でも涼しいのが特徴だ。

高ソメキャンプ場は長野県中部の西寄りにあるキャンプ場だ。標高1,200mの高さにあるうえ、山に囲まれた光害が少ないという好環境。ただでさえ美しい星空が楽しめるが、場内には天文台もあるため、本格的な天体観測を行うこともできる。夏休み中などには星空観測会も開かれているので、初心者でも星について教わりながら観測できるだろう。キャンプ場の中心にある釣池では、ニジマスやイワナを釣ることもできる。この釣池の周辺や天文台までの道は、夏になるとホタルが飛び交う幻想的な風景を見ることもできる。乗鞍岳の雄大な山々を眺めながら、大自然のなかで過ごすことのできるキャンプ場だ。

### DATA

- 区画サイト
- 洋式水洗トイレ有
- シャワー有
- AC電源対応
- 直火可
- 炊事棟有
- ごみ捨て可
- テントレンタル可
- 売店・自販機有
- ペット可

長野県  NAGANO

## 銀河もみじ キャンプ場

自然豊かな山間の村で

日本一美しい星空を堪能

 高地　 コテージ　 観測会　 オートサイト

住所：長野県下伊那郡阿智村浪合1771-1
電話：0265-48-6058

長野県の南東部に位置する阿智村もみじ平。環境省が実施していた「全国星空継続観察」で、平成18年に日本一星空がきれいに見えると評された。

星がきれいに見える理由はなんといっても空気のきれいさ。標高1,000m以上の高所に位置しているため、空気が澄んでいて星がきらめいている。周囲を山々に囲まれているため、光害が少ないのもきれいな夜空に一役買っている。天体観測に向いた場所が多い長野県のなかでも、注目の観測スポットだといえるだろう。

そんな天体観測の聖地ともいえる場所にある

*Step2* キャンプ場を選ぶ

のが、浪合にある銀河もみじキャンプ場。環境省が実施した「全国星空継続観察」は、このキャンプ場のマレットゴルフ場で行われた。つまり、**日本一の星空そのものが観測できるキャンプ場なのだ**。調査は実際に、星空愛好家が肉眼や双眼鏡、カメラなどを用いて星の見え方を観測して評価しただけあり、安心して満天の星空を見ることができる。テントサイトが木で視界が悪かった場合は、マレットゴルフ場にある観測スポットで星が見られるのも嬉しいポイントだ。

　キャンプ場には23棟のバンガローと区画サイトがある。それぞれのバンガロー名や区画サイト

A 日本一の星空は、一度は見ておきたい絶景だ。
B 付近には清流が流れる。
C ゆったりとしたスペースがあるサイト。
D 星をモチーフにしたライトアップ。

バンガローも充実している。

阿智村のナイトツアーの様子。

星の下で語りあうのも楽しい。

のエリア名には、おひつじ座、おうし座など星座の名前がついており、星空キャンプ気分を高めてくれる。また、キャンプ場には魚が釣れる池や、専用スティックで楽しむマレットゴルフ場など、子どもが喜ぶアクティビティも充実している。

また、もみじ平の夜景が日本一に輝いたこともあり、阿智村は日本一星がきれいに見える「スターヴィレッジ」として、ちなんだ各種イベントや商品の販売に力を入れている。特に、標高1,400mの富士見台高原までロープウェイで移動し、インストラクターによるガイドのもと星を観賞できる「天空の楽園」というナイトツアーが人気だ。その取り組みは、ジャパンツーリズムアワードなどの賞を受賞しているほどだ。

### DATA
- 区画サイト
- 芝生
- ペットOK
- 洋式水洗トイレ有
- 炊事棟有
- シャワー有
- 売店・自販機有

Step.2 キャンプ場を選ぶ

CAMP SITE 09

神奈川県　KANAGAWA

## 西丹沢大滝キャンプ場

きれいな星と清らかな渓流が
イチオシのキャンプ場

高地　コテージ　観測会　オートサイト

住所：神奈川県足柄上郡山北町中川879-4
電話：0465-78-3422

キャンプ場には清流が流れる。

日本のダム湖百選にも選ばれた「丹沢湖」のほとりにある足柄上郡山北町。周囲を雄大な山々に囲まれており、**日本フォトツーリズム協会が主催するフォトジェニックサイト・アワード2017に選ばれたほどの景勝地**だ。大都市が多い関東地方では、光害のため星が見えにくいことが多いが、丹沢山地に囲まれた山北町では比較的きれいに星を見ることができる。西丹沢大滝キャンプ場は山北町北部の清流沿いに位置し、テントサイトはすべて川沿いに位置している。**テントからすぐに川に飛び込んでいけるような立地**で、常に自然と触れていたいキャンパー向き。関東のオアシスともいえるキャンプ場だ。

#### DATA

- フリーサイト
- 洋式水洗トイレ有
- シャワー有
- 直火可
- テントレンタル可
- 売店有
- スタッフ常駐
- ペット可

丹沢湖のほとりから眺める星空。

CAMP SITE 10 / CHIBA

千葉県

## 内浦山県民の森
うちうらやま

広大な森林のなかで
四季の星空を楽しめる

| 高地 | コテージ | 観測会 | オートサイト |

住所：千葉県鴨川市内浦3228
電話：04-7095-2821

千葉県鴨川市の北部にある内浦山県民の森は、およそ294ヘクタールの広さを誇り、50張のキャンプサイトと28張のオートサイトを備えている。余裕があるテントサイトも魅力的だが、**おすすめしたいのが広大なスペースを有する芝生の広場**。昼には子どもが走り回ることができるし、夜には星を見る広い視野を確保することができる。また、広大な県民の森の敷地内に通る林道に足をのばせば、キャンプの明かりすら届かない暗闇のなかでの星空観測を楽しめるだろう。**房総半島の太平洋側にあるため、黒潮の影響を受けて、夏は涼しく冬でも暖かい気候となってお**

Step2 キャンプ場を選ぶ

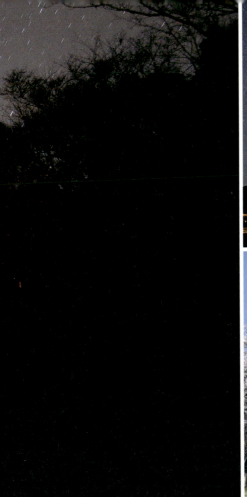

り、真夏や真冬のキャンプなどにも適している。加えて、**君津市天文同好会による「スターキャンプ鴨川」、鴨川市に天文台をつくろう会による「星空観望会」**という星にまつわるイベントも多数開催される。四季の星座や望遠鏡の操作体験など、星に詳しい解説員に教えてもらえるため、参加してみるのもいいだろう。

### DATA

- 区画サイト
- 洋式水洗トイレ有
- 炊事棟有
- ごみ捨て可
- テントレンタル可
- 売店・自販機有
- スタッフ常駐

A スターキャンプ鴨川の様子。(写真:千手フォトオフィス)
B 広場から見る星空。(写真:浦辺 守)
C 春には桜が咲き誇る。
D テントサイトは手入れが行き届いている。

073

場内にはバンガローもある。

愛知県　CAMP SITE 11　AICHI

## つぐ高原グリーンパーク

道の駅直結で訪れやすいのが魅力

高地　コテージ　観測会　オートサイト

住所：愛知県北設楽郡設楽町津具字東山2-156
電話：0536-83-2344

愛知県の奥三河地域にあり、アウトドアの楽園と呼ばれるキャンプ場。同名の道の駅が併設されており、自動車でのアクセスがしやすい。オートサイトにはきれいな炊事場や手洗いが完備され、快適に楽しめるのも嬉しいところ。**テニスやマウンテンバイク、マス釣りといったアクティビティを楽しむことも可能だ。**場内には口径25cmと15cmの二基の天体望遠鏡を備えた天文台も設置。**天文台周辺は人工の光が届かな**い場所になっているので、きれいな星空が楽しめる。土曜日とゴールデンウィーク、夏休みの時期には、スタッフによる星空観察会が無料で開催されるので、星空に詳しくなくても安心だ。

### DATA
- 区画サイト
- 洋式水洗トイレ有
- シャワー有
- AC電源対応
- レストラン有
- 炊事棟有
- ごみ捨て可
- テントレンタル可
- 売店・自販機有
- スタッフ常駐
- ペット可

キャンプ場近くの茶臼山からの星空。

Step2 キャンプ場を選ぶ

施設内には立派な天文ドームがある。

岐阜県 CAMP SITE 12 GIFU

### 三の倉市民の里 地球村

多彩なアクティビティで親子キャンプを楽しめる

高地　コテージ　観測会　オートサイト

住所：岐阜県多治見市三の倉町猪場37
電話：0572-24-3212

観測会では望遠鏡がのぞける。

岐阜県多治見市にある「三の倉市民の里 地球村」は、およそ10万㎡という広大な敷地を誇る野外教育施設。キャンプ場のほかテニスコートなどのスポーツ施設、バーベキュー場や天文台も兼ね備えている。教育施設というだけあって、**工作体験や謎解きフィールドゲーム、オリエンテーリングやフリークライミングなど、親子で楽しめるアクティビティが充実している**。天文台は焼き物の町らしくタイルで装飾されてお

り、口径15cmの屈折式望遠鏡を保有している。月に2〜3回ぐらいの頻度で「サタデースターナイト」として無料の天体観察会が行われているので、星に詳しくなりたければ参加したい。

### DATA

・区画サイト　・ごみ捨て可
・洋式水洗トイレ有　・自販機有
・AC電源対応
・炊事棟有

075

## 志摩オートキャンプ場

三重県 / MIE / CAMP SITE 13

海のすぐ近くのキャンプ場で
星空と海の恵みを満喫する

高地 / コテージ / 観測会 / オートサイト

住所：三重県志摩市志摩町越賀2279
電話：0599-85-6500

伊勢神宮で有名な三重県の伊勢志摩エリア。歴史があり、古くからの自然が今も大切に保存されている地域だ。そんな志摩半島の先端にあるのが志摩オートキャンプ場。**夏には海水浴客でにぎわうあづり浜まで徒歩3分の好立地**で、水着のままキャンプ場から海まで行くことができる。また、シーカヤックや魚釣り、サイクリングなど、潮風に吹かれながら海ならではのアクティビティを楽しむこともできる。また、伊勢えびやあわびなど伊勢志摩の海鮮を満喫できるバーベキューセットもおすすめだ。

光害が少なく星がきれいに見えるのもポイント

## Step.2 キャンプ場を選ぶ

のひとつだが、特筆すべきなのが本格的な星空観察会。**星のソムリエ®の資格を持つ宮本秀明氏の解説を聞きながら、四季の天体や惑星を満喫することができる。**きれいな設備やAC電源、レンタル品などが充実した志摩オートキャンプ場は、初心者にも快適に過ごせるキャンプ場といえるだろう。

### DATA
- ・区画サイト
- ・洋式水洗トイレ有
- ・シャワー有
- ・芝生
- ・AC電源対応
- ・炊事棟有
- ・ごみ捨て可
- ・テントレンタル可
- ・売店・自販機有
- ・スタッフ常駐
- ・ペット可

A あづり浜から見る星空。
B AC電源が使える高規格なサイト。
C シーカヤックなども楽しめる。
D 星空観察会の様子。

077

キャンプ場がある清里高原の星空。

## 山梨県 CAMP SITE 14 YAMANASHI

### 清里中央
### オートキャンプ場

星の名所・清里での
ハンモック観測がおすすめ

高地 / コテージ / 観測会 / オートサイト

住所：山梨県北杜市高根町浅川152-1
電話：0551-48-3302

広々とした区画サイト。

**避** 暑地としても有名な清里にあるオートキャンプ場。電源付きサイト45区画を含む合計100区画のオートサイトを備え、キッチンやトイレのそろったトレーラーハウスも5棟用意されている。標高1,200mの高地にあるため空気が澄んでおり、それだけでも星の見やすい環境だが、清里高原周辺は晴天率が高い地域となっており、天体観測好きには有名な観測スポットだ。ハンモックつきのサイトも備わっており、予約すればハンモックに揺られて星空を見ながら眠ることもできる。観光地としても有名なので、周辺に親子で遊べる施設や観光地も充実している。観光もキャンプも楽しみたい家族には最適な場所だ。

### DATA

- ・区画サイト　　　・炊事棟有　　　・ペット可
- ・洋式水洗トイレ有　・ごみ捨て可
- ・シャワー有　　　・テントレンタル可
- ・AC電源対応　　　・売店・自販機有

Step2 キャンプ場を選ぶ

CAMP SITE 15

新潟県　NIIGATA

# 妙高笹ヶ峰キャンプ場

高原の澄んだ空気越しに
星空も絶景も楽しめる

高地　コテージ　観測会　オートサイト

住所：新潟県妙高市大字杉野沢笹ヶ峰
電話：0255-82-3168(関山本館)

豊かな自然を活かして、テントをレイアウトできる。

笹ヶ峰高原の休暇村妙高内にあるキャンプ場で、30のオートサイトに加えて200ものフリーサイトを備え、国内最大級の広さを誇る。最大の特徴は、標高1,300mの高さにある点。そのため空気が非常に澄んでおり、星の観測にはこれ以上ない環境となっている。夏でも涼しいため、夏休みに猛暑を避けての天体観測には最適といえる。その分、キャンプ場の営業は夏季だけとなっている。キャンプ場のすぐ近くには沢遊びのできる清流や、笹ヶ峰高原の遊歩道があり、足をのばせば高谷池や乙見湖といった絶景スポットもあるほか、火打山や妙高山での登山も楽しめる。高原地帯の魅力を存分に味わえるキャンプ場だ。

## DATA

- フリーサイト
- 区画サイト
- 洋式水洗トイレ有
- シャワー有
- 芝生
- AC電源対応
- 炊事棟有
- ごみ捨て可
- テントレンタル可
- 売店・自販機有
- ペット可

キャンプ場で観測した天の川。

079

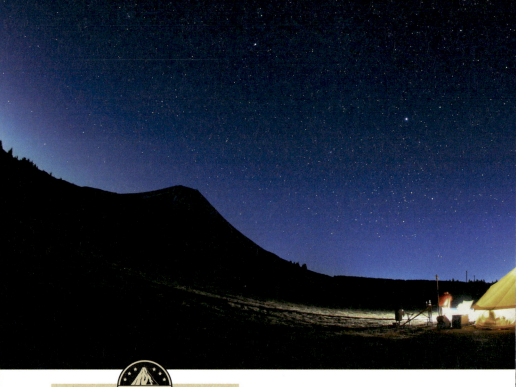

静岡県 CAMP SITE 16 SHIZUOKA

## ふもとっぱら

富士の麓に広がる大草原で
雄大な山と星空を楽しむ

高地　コテージ　観測会　オートサイト

住所：静岡県富士宮市麓156
電話：0544－52－2112

　富士山の麓の草原地帯にあるキャンプ場ふもとっぱら。時間や天気の変化とともに、さまざまな表情の変化をみせる富士山が楽しめるロケーション抜群のキャンプ場だ。キャンパーの間ではアウトドアの聖地として有名で、アウトドアフェスをはじめ多くのイベントが開かれている。**広大な芝生のテントサイトはすべてフリーサイトで、自分なりのキャンプスタイルで楽しめるのが嬉しいところ。**マウンテンバイクやオフロードセグウェイなど、子どもだけでなく大人も楽しめるような体験ができる。

　普通にキャンプをするだけでも充分楽しめる

## Step2 キャンプ場を選ぶ

キャンプ場だが、星空も一級品。標高が高いため空気が澄んでおり、周囲を山に囲まれているため星がきれいに見える。**富士山を背景にすれば、初心者でも納得の星の写真が撮れるだろう。キャンプ場内には池があり、そこから星と富士山が湖面に写った"逆さ富士"を撮影することも可能。**西側も標高の高い山がそびえており、各所に写真映えする景色が広がっているのが魅力のひとつだ。ただし、お目当ての天体が地平線間際にある時は、山に隠れてしまうこともあるので注意しよう。そんな時は西側にそびえ立つ毛無山や富士山の5合目といった、より標高が高い場所へ行くと

A 富士山の麓で豊かな星空を眺められる。
B キャンプ場にある池。
C 大人数で使えるコテージがある。
D セグウェイ体験をすることも可能。

多くのキャンパーが集まる名所だ。

西側には毛無山がある。

敷地内の旧牛舎が目をひく。

　よい。空気が澄み景色もよくなるので、星空もよりきれいに見える。
　また、自然が豊かな富士宮市では、さまざまなアクティビティを体験できる。バンジージャンプや気球、急流下りなどスリリングな体験は、子どもとの思い出づくりに最適だ。**特にキャンプ場にほど近い朝霧高原は、パラグライダーの聖地でもある。**穏やかな気候に恵まれるため、フライトできる確率は日本トップクラス。世界大会に出場するような腕利きのインストラクターがいるため、安心して挑戦できる。雄大な富士の麓の大草原でキャンプをすれば、全身で大自然の素晴らしさを感じられること間違いなしだ。

DATA
・フリーサイト　・芝生　・売店・自販機有
・洋式水洗トイレ有　・炊事棟有　・スタッフ常駐
・シャワー有　・ごみ捨て可　・ペットOK
　（繁忙期のみ）　・テントレンタル可

Step2 キャンプ場を選ぶ

石川県　ISHIKAWA

## 石川県健康の森 星と緑のキャンプ場

能登半島の豊かな自然で星空に包まれるキャンプ場

 高地　 コテージ　 観測会　 オートサイト

住所：石川県輪島市三井町中長谷12
電話：0768-26-1413

きれいに整備されたキャンプサイト。

日本で初めて世界農業遺産に認定された「能登の里山里海」。その地域である能登半島北部にあるキャンプ場が石川県健康の森だ。東京ドーム127個分の森のなかには15のテントサイトのほか、ログハウスやバンガローも用意されており、観光のための宿泊にも適している。また、リードは必須だがペット同伴も可能なので、愛犬を連れてのキャンプを楽しむことも可能だ。「星と緑」という名前のとおり、大自然とともに美しい星空が楽しめる環境となっている。そば打ち体験や陶芸教室、しいたけの植菌体験などのさまざまな体験教室が月に1回程度開かれており、参加してみるのもよいだろう。

### DATA
- 区画サイト
- 炊事棟有
- 遊具有
- 洋式水洗トイレ有
- ごみ捨て可
- ペット可
- シャワー有
- 売店・自販機有
- 芝生
- スタッフ常駐

場内には子どもが楽しめる竹のブランコもある。(写真：mitsuru yamashita)

**CAMP SITE 18**

岡山県 OKAYAMA

# 星空間 オートキャンプ場

- 星の美しい町で楽しむ
- 多彩な天体観測

高地 / コテージ / 観測会 / オートサイト

住所：岡山県井原市美星町宇戸1165-1
電話：080-2929-0162

　その名のとおり星が美しく、「星の郷」として知られている岡山県美星町。

　古くから町名にちなんだ天体観測による町おこしをしており、1993年には岡山県最大の一般公開用の望遠鏡を備える美星天文台が建設されている。

　全国に先駆けて光害防止条例を制定した自治体としても美星町は有名だ。光が水平以上に漏れない街灯を使用し、看板を照らす照明などといったすべての上向きの明かりを禁止している。また、屋外照明は午後10時以降の消灯を奨励するなど、**住民をあげての徹底した取り組みで美**

## Step.2 キャンプ場を選ぶ

しい星空を守っている。
　そんな豊かな星空を思う存分楽しめるのが星空間オートキャンプ場だ。8サイトと小規模なキャンプ場だが、水洗トイレや炊事棟、シャワーやバスルーム、AC電源など充実した設備で快適なキャンプを楽しめる。見晴らしのよい場所に位置しているため、眺望も抜群だ。町をあげてつくりあげた星空スポットを心ゆくまで堪能したい。

**A** 星空公園と星空。
**B** 春にはきれいな桜が咲く。
**C** 見晴らしのよい小さなキャンプ場。
**D** 天文台近くの「願いかなう小径」。

### DATA
・区画サイト　・炊事棟有　・ペット可
・洋式水洗トイレ有　・テントレンタル可
・シャワー有　・自販機有

視界が開けており、観測もしやすい。

CAMP SITE 19

福井県　FUKUI

# 六呂師高原温泉キャンプグランド

**本格的な天体観測や
プラネタリウムも楽しめる**

高地 ・ コテージ ・ 観測会 ・ オートサイト

住所：福井県勝山市平泉寺町池ヶ原230-50
電話：0779-88-5789

　福井県東部にあるキャンプ場で、標高600mの澄んだ空気は星空の観測にピッタリ。さらに**キャンプ場から車で約4分の場所にある福井県自然保護センターには、ドーム径6.5mのプラネタリウムのほか、口径80cmの反射望遠鏡や口径20cmの屈折望遠鏡を備えた天体観測室**があり、年間を通して毎週土曜日には天体観望会が開かれている。また**敷地内には利用者は無料で何度でも入れる温泉があり、観測**で冷えた体を温めることができる。キャンプ場はペット同伴も可能なので、愛犬とともに自然を楽しむことも可能だ。近くには「日本のマチュピチュ」と呼ばれる越前大野城もある。

### DATA
・区画サイト　・AC電源対応　・スタッフ常駐
・洋式水洗トイレ有　・炊事棟有　・ペットOK
・シャワー有　・ごみ捨て可
・芝生　・売店・自販機有

六呂師高原から見た星空。

Step2 キャンプ場を選ぶ

空気が澄んでおり、きれいな星が観測しやすい。

見晴らしがよい芝生のフリーサイト。

「星降る高原」のキャッチコピーどおりの美しい星空を誇るキャンプ場。標高930mに位置しており、空気が澄んでいるのが特徴だ。峰山高原ホテルリラクシアと併設されており、ホテルの露天風呂を利用できるプランもあるので、お風呂から星空を見ることも可能。また、**キャンプ用具一式と食材を含むBBQセットを借りることもできるので、手ぶらで行ってキャンプを楽しむ**ことができる。さらに設営済のテントで優雅に過ごすことができるグランピングプランも用意されており、手軽に星空キャンプをしたい人におすすめだ。キャンプ場から足をのばせば、天空の城として知られる竹田城を観光することもできる。

**DATA**
・フリーサイト　　・売店・自販機有
・洋式水洗トイレ有　・スタッフ常駐
・シャワー有　　　・ペットOK
・芝生

087

## CAMP SITE 21 HYOUGO
### 兵庫県

## 若杉（わかすぎ）高原
## おおやキャンプ場

スキー場の設備を活かした
幻想的な星空ウォッチング

高地 ／ コテージ ／ 観測会 ／ オートサイト

住所：兵庫県養父市大屋町若杉99-2
電話：079-669-1576

兵庫県の北部に位置する養父市。氷ノ山や鉢伏山、高坪山などの雄大で美しい山々に囲まれており、天体観測の好条件に恵まれている。環境省主催の「全国星空継続観察」で2004年夏に第1位に輝いたこともあるほどだ。

そんな星の名所で、最も天体観測に力を入れた観光地づくりを進めているのが若杉高原おおやキャンプ場だ。展望会やインストラクターによる星空ガイド、フォトコンテストやグッズ販売など、星空キャンプを盛り上げてくれる催しが数多く開かれている。

そのなかでも特に注目したいのが、「絶景区画

**Step2** キャンプ場を選ぶ

サイト」と「星空ハイキング」。若杉高原おおやキャンプ場の区画サイトの一部は崖の上の見晴らしのよいロケーションで、星空観測にはもってこいだ。日中でもその景勝を楽しめるので、早めに予約して確保しておくといいだろう。

しかし、絶景区画サイトを取れなくても、利用者全員が星を楽しめる工夫がある。それが星空ハイキングだ。若杉高原おおやキャンプ場は冬の降雪量に恵まれているため、冬はスキー場として営業している。そのため場内にはリフトがあるが、星空ハイキングはそのリフトを使って標高が高く見晴らしのよい星の広場まで移動する。道中

A キャンプ場から見る天の川。
B 斜面を活かしてソリで滑ることもできる。
C リフトに乗って星を見に行く。
D グランピングができるサイトもある。

089

見事な眺望の絶景テントサイト。

　には淡い光で幻想的な雰囲気を演出した「星のこみち」があり、**星の広場では芝生の上に寝転がりながら季節の星座や天の川の見つけ方を教えてもらえる**。期間限定で宝探しイベントなども開かれており、子どもが楽しめる仕掛けが盛り沢山だ。
　付近には天文台「バルーンようか」があり、2種類の大型望遠鏡で星空を眺めることができる。敷地内には見晴らしがよく星を見るのに最適な観測広場があるほか、操作が簡単な大型双眼鏡、小型双眼鏡が常設されており、気軽に自由に星空を楽しめる。また、美しい山々や日本の滝100選にも選ばれた天滝など、名勝地にもことかかない。
　神戸牛や松阪牛へと育てあげる良質な但馬牛の産地でもある。若杉高原おおやキャンプ場を訪れた際には、星空から自然、グルメまで楽しみ尽くしたい。

キャンプ場内のリフトと天の川。

### DATA

- ・フリーサイト
- ・区画サイト
- ・洋式水洗トイレ有
- ・シャワー有
- ・芝生
- ・AC電源対応
- ・レストラン有
- ・炊事棟有
- ・ごみ捨て可
- ・テントレンタル可
- ・売店・自販機有
- ・スタッフ常駐
- ・遊具有
- ・ペットOK

090

Step.2 キャンプ場を選ぶ

キャンプ場のある吉野郡の山と天の川。

奈良県 CAMP SITE 22 NARA

## 洞川(どろがわ)キャンプ場

聖地・吉野の山々に囲まれ
「自然の不便さ」を楽しむ

高地 / コテージ / 観測台 / オートサイト

住所：奈良県吉野郡天川村洞川934
電話・FAX：0747-64-0311

ノルディスクのテントがレンタルできる。

村のおよそ4分の1が吉野熊野国立公園に指定され、自然環境に恵まれた天川村。高い山と深い谷に囲まれ、古くは修験者たちの修業の場とされた。その地域にあるキャンプ場が洞川キャンプ場だ。日本100名山のひとつである大峰山や100名水のひとつ、ごろごろ水が近くにある豊かな環境で、アマゴつかみや川遊び、鍾乳洞探索を満喫できる。テントサイトのほかにバンガローも用意されているが、「自然の不便さを楽しむ」が

コンセプトであるため、あえて家電類は置かれていない。光害も少なく満天の星空が眺められるキャンプ場で、「不便さ」を楽しむことは、家族にとって贅沢な時間になること間違いなしだろう。

### DATA

- フリーサイト
- 区画サイト
- 洋式水洗トイレ有
- シャワー有
- 芝生
- 炊事棟有
- ごみ捨て可
- テントレンタル可
- 売店・自販機有
- スタッフ常駐
- 遊具有
- ペットOK

091

キャンプ場のある四国カルストには風力発電の風車が立ち並ぶ。

夜だけでなく、昼の眺めも素晴らしい。

CAMP SITE 23

愛媛県　EHIME

## 姫鶴平キャンプ場
(ひめづるだいら)

360°のパノラマが広がる
天空のキャンプ場

高地　コテージ　観測会　オートサイト

住所：愛媛県上浮穴郡久万高原町西谷姫鶴8109
電話：0892-55-0057

姫鶴平キャンプ場は、愛媛県と高知県の県境に広がる四国カルストにあるキャンプ場。四国カルストは山口県の秋吉台、福岡県の平尾台に並ぶ日本三大カルスト台地のひとつで、標高1,000m以上の台地が、東西25kmにわたって広がっている。**キャンプ場はおよそ標高1,300mの高さにあり、360°周囲にはさえぎるものがなく、天空のキャンプ場といわれている。**付近には山荘もありそちらでの宿泊も可能だ。その絶景から、姫鶴平はキャンパーにとってもあこがれの場所。昼間には雄大なパノラマを楽しみ、夜には高原地帯ならではの澄んだ星空を楽しむことができる。

### DATA
・フリーサイト　　・ペットOK
・洋式水洗トイレ有
・直火可
・自販機有

Step2 キャンプ場を選ぶ

宮崎県　CAMP SITE 24　MIYAZAKI

## 五ヶ瀬の里
## キャンプ村

阿蘇山を望む九州の秘境で
大自然と星空を楽しむ

高地　コテージ　観測会　オートサイト

住所：宮崎県西臼杵郡五ヶ瀬町三ヶ所141-イ
電話：090-4475-5005

コテージからは雄大な景色が見える。

宮崎県の北西部、熊本県との県境で阿蘇山を望む場所にある五ヶ瀬の里キャンプ村。テントサイト15張、バンガローとログハウス合わせて9棟と小規模なキャンプ場だが、国の天然記念物である高千穂峡から車で20分ほどの場所にあり、これら九州の名勝をめぐる際にも適した立地である。夏には周辺の清流で川遊びをしたり、冬にはスキーを楽しむこともできる環境だ。**九州中央の高地部は、全国でも有数の空気の澄んだ**地域であり、このキャンプ場の近辺にも清和高原天文台などの天文台が建てられている。キャンプ場から眺める星空も抜群の美しさで、九州の大自然を楽しむのに最適のキャンプ場だろう。

### DATA

・フリーサイト　・炊事棟有　・スタッフ常駐
・洋式水洗トイレ有　・ごみ捨て可　・ペットOK
・シャワー有　・テントレンタル可
・芝生　・自販機有

五ヶ瀬は九州屈指の星の名所。

093

鹿児島県 CAMP SITE 25 KAGOSHIMA

## 輝北うわば公園
きほく

宇宙船のような天文台で
日本一の星空を楽しむ

高地 コテージ 観測会 オートサイト

住所：鹿児島県鹿屋市輝北町市成1660-3
電話：099-485-1900

**大**隅半島の北部に位置する鹿屋市輝北町。環境省主催の全国星空継続観察において、**日本一星空の美しい場所に過去7回にわたって選ばれたこともある、星空の美しい町**だ。そのなかでも見晴らしのよい550mの高台にある輝北うわば公園はキャンプ場が併設されている。8棟のバンガロー以外はすべてフリーサイトで、その内半分のエリアはオートキャンプ場だ。芝のきれいなキャンプ場ではあるが、高台にあるため強風対策があるとよいだろう。その分、**北に霧島連山、西に桜島を眺めることができるなど、眺望に恵まれている**。園内には子どもも遊べるアスレチック

Step.2 キャンプ場を選ぶ

場のほか、森林浴や川遊びができる森もあり、子どもにもおすすめだ。

　そして公園内の見どころが、口径65cmカセグレン式反射望遠鏡を備えた、輝北天球館という天文台。4期連続で星空日本一に輝いたことを記念してつくられた天文台で、宇宙船をモチーフにした非常にユニークな外観をしている。

DATA
- フリーサイト
- 炊事棟有
- 遊具有
- 洋式水洗トイレ有
- ごみ捨て可
- ペットOK
- シャワー有
- 自販機有
- 芝生
- スタッフ常駐

A 個性的な外観をした輝北天球館と星空。
B バンガローからは絶景が見える。
C 桜島の夕焼けも見どころ。
D 輝北天球館のカセグレン式反射望遠鏡。

# おすすめ観測スポット

**番外編**

キャンプ場以外にも、星を見るのに向いている場所はたくさんある。
テント周辺が観測しにくくければ、有名観測スポットを訪れるのもひとつの手だ

## 観測条件をすべて満たす最強のスポット

見晴らしがよく、空気がきれいで、充分に暗い。そんな天体観測に向いた条件のそろったキャンプ場を見つけるのは意外に難しい。ただし、**キャンプ場が運営されていない場所に限れば、山頂周辺や山の奥地など条件を満たす場所はたくさんある。**

そのなかでもよく天体観測に使われるのが、広大なスペースがある無料駐車場だ。利用者が多いところでは邪魔になってしまうため観測NGだが、時間帯やシーズンによっては空いている場合も。ほかの利用者の迷惑にならないよう、車を拠点に星空観測をしてみよう。

いくつか星が見えるエリアを回っていると、星の撮影をしている人を見かけるはずだ。**好条件の観測地は天体観測愛好家のあいだで有名になっていることが多い。**そんな場所ではお互いが快く観測するためのマナーがあるので、絶対に守るようにしたい。

有名な観測地では三脚がいくつも並び立っていることも。
困った時は周囲にいる人が相談に乗ってくれることもあるので、最低限のマナーは心得ておこう。

## Step.2 キャンプ場を選ぶ

### check! 星がきれいに見える全国の観測スポット

| | | | |
|---|---|---|---|
| 北海道 | 美幌峠 | 静岡県 | 富士宮口新五合目駐車場 |
| 青森県 | 発荷峠展望台 | 愛知県 | 茶臼山高原 |
| 新潟県 | 天蓋山 | 滋賀県 | 琵琶瀬展望台 |
| 福島県 | 鹿角平天文台 | 奈良県 | 鶴姫公園 |
| 福島県 | 浄土平 | 兵庫県 | 西はりま天文台公園 |
| 長野県 | 八ヶ岳ふれあい公園 | 高知県 | 天狗高原 |
| 長野県 | しらびそ高原　クレーター跡地 | 広島県 | 野呂山公園 |
| 群馬県 | 野反湖 | 大分県 | 久住高原 |
| 静岡県 | 朝霧高原 | 沖縄県 | 竹富町波照間島星空観測タワー |

## 観測スポットではライト禁止!?

**星**空観測で明るい光はNG。せっかく暗闇に慣れた目が光でもとに戻ってしまうからだ。**再び暗闇に目が慣れ多くの星を捉えられるようになるには30分ほどかかる**。また、星の写真は長時間シャッターを開いておくのが基本だ。そのため、車の強い光があたると真っ白になってしまい、再度撮り直しが必要となる。特に車のライトや懐中電灯の使用には気を遣いたい。

**おすすめはライトに赤色セロハンを巻くこと**。赤い光は波長が長く、暗闇に慣れた目に優しい。もともと赤い光が出るライトも市販されているのでチェックしよう。

夜間のヘッドライトは天体観測の天敵。使用には細心の注意を払おう。

ケニス株式会社の赤色LEDライト（上）。ハンズフリーにしたい場合はVIXENの天体観測用ライト（下）が便利。

茨城県 STAR SPOT 01 IBARAKI

## 戦場ヶ原
（せんじょうがはら）

トイレつきの広い駐車場が嬉しい

男体山を望む高層湿原

関越自動車道「沼田IC」より日光・宇都宮方面へ 約90分。

**観** 光地としても有名な日光中禅寺湖のほとりにあるのが、400ヘクタールもの広大な湿原を誇る戦場ヶ原。**標高1,400mほどの高さに位置し空気が澄んでいるうえ、標高の高い山々に囲まれ光害も少ない。**視野も充分すぎるほど開けている、関東屈指の天体観測スポットだ。また、絶景が広がっているのも嬉しいポイント。生い茂るススキや日本百名山のひとつである男体山は、星空と一緒に写真に収めておきたい。

特に天体観測によく使われるのが、無料の県営駐車場である三本松駐車場。スペースが広く、トイレもあるため安心して観測ができる。付近に

ある赤沼駐車場も無料で三本松駐車場よりも視野が開けている。ハイキングコースに入ることもできるが、暗くて危険なので夜に訪れるのは控えたほうが賢明。

　**東京からのアクセスがよいのが魅力だが、南の空は東京圏の光害で写真には不向き。**写真を撮る時はほかの方角にしよう。

**おすすめポイント**：駐車場が広く、視界が開けている／東京からのアクセスがよい
**気をつけるポイント**：南の空がやや明るい／ハイキングコースは、夜だと危険なので注意する

A 戦場ヶ原から見る天の川。
B 駐車場近くには、三本松茶屋という商店がある。
C ハイキングコースは明るいうちに訪れよう。
D 湿原を見渡す位置までは、夜でも行きやすい。

099

## 長野県 STAR SPOT 02 NAGANO
# 美ヶ原高原

標高2,000m級の

星が降る天空の高原

上信越自動車道「東部湯の丸IC」より約70分。

　車で標高2,000m級の高さまで行くことができる数少ない観測スポットが、八ヶ岳にほど近い美ヶ原高原だ。王ヶ頭（おうがとう）など2,000m以上の山々で形成され、山頂付近は平坦な台地状の地形をしている。首都圏からの好アクセスが魅力で、**都心から訪れると普段との違いに感動するほど空気が澄んでいる。**

　観測スポットとしては、日本最高峰の道の駅である「道の駅美ヶ原高原」がよいだろう。駐車場が広く、24時間使用できるトイレもついている。美術館やショッピングモール、レストランが併設され、昼から楽しめるのも魅力のひとつだ。

Step2 キャンプ場を選ぶ

そして、美ヶ原高原のシンボルともいえるのが、道の駅美ヶ原高原から歩いて行ける美しの塔だ。濃霧を知らせる霧鐘を備えた避難塔で、フォトスポットとしても有名。周辺は広場のようになっていて観測しやすいが、近くにトイレがないので、訪れる前に道の駅でトイレを済ませておくとよいだろう。

A 美ヶ原高原のシンボル美しの塔。
B 雲海がきれいに見えることでも有名なスポット。
C 道の駅には大きな駐車場があり、昼は観光客でにぎわう。
D 王ヶ鼻（おうがはな）には石仏が置かれている。

> おすすめポイント：標高が高く空気が澄んでいる／東京からのアクセスがよい
> 気をつけるポイント：霧が発生しやすく天気が変わりやすい／標高が高く気温が低い

愛媛県 / STAR SPOT 03 / EHIME

## 石鎚山（いしづちさん）

ロープウェイで行く
西日本最高峰の観測スポット

松山自動車道「いよ小松IC」より約40分。
（石鎚登山ロープウェイまで）

　四国山地西部に位置する石鎚山。標高は1,982mで、近畿以西の西日本の最高峰だ。天狗岳をはじめとする4つの峰からなり、そのうちのひとつの弥山には**石鎚神社の頂上社が鎮座する、山岳信仰でも有名な山である**。中国山地と四国山地に挟まれた地域にあり、季節風の影響が抑えられるため年間を通して温暖で晴天が多く、雨量が少ない。**標高も高く乾燥していて空気が澄んでいるので天体観測に向いている**。

　なかでも注目を浴びているのが石鎚山ロープウェイを利用した観測だ。**ロープウェイを運営する会社が主催する「石鎚山スターナイトツアー」**

Step.2 キャンプ場を選ぶ

という催しで、日帰りで星空を満喫できる。日没ごろに「山麓下谷駅」に集合し、ロープウェイで標高1,300mの「山頂成就駅」へ。その後、広場へ移動して西条自然学校のスタッフによる星空解説や望遠鏡による観測が楽しめる。参加するには事前の申込みが必要なので、天候を見定めて予定を調整しよう。
（石鎚登山ロープウェイ株式会社：0897-59-0331）

**おすすめポイント**：標高が高く空気が澄んでいる／光害が少なく、星空がきれいに見える
**気をつけるポイント**：車で行く時は道路の閉鎖に注意／麓との気温差があるので防寒対策が必須

A レーザーポインターで星空をガイドしてくれる。
B 弥山の山頂に位置する社。
C 空気の澄んでいる石鎚山周辺は、絶好の観測スポットだ。
D 山頂成就駅へ向かうロープウェイのゴンドラ。

103

## 奈良県 STAR SPOT 04 NARA
### 大台ヶ原（おおだいがはら）

- 標高の高い山々に囲まれた
- 関西の天体観測の聖地

西名阪自動車道「郡山IC」より約2時間10分。

**大**阪市内から車で約2時間30分という好アクセスながら、国内でも有数の暗さで撮影環境を重視する天体写真愛好家のなかで聖地とされているのが、奈良県の大台ヶ原だ。

標高約1,700mの大台ヶ原山をはじめ、標高1,500m級の山々に囲まれた台地状の地帯で、吉野熊野国立公園の一部に指定されている。空気が澄んでいて暗いため、天体観測スポットとして知られる。

特に広大な丘陵に倒木や立ち枯れの樹木が広がる、国立公園内の正木峠が撮影スポットとして有名だが、照明がなく真っ暗で歩きにくい。そ

Step2　キャンプ場を選ぶ

のため、**初心者におすすめなのがビジターセンター付近の駐車場**。夜間使えるトイレがあり、天体観測をする人も多いため安心して過ごすことができる。

　もちろん寒さ対策は必要だが、国内トップクラスの暗さを誇る大台ケ原なら、星空の本当の輝きを目に焼きつけることができるだろう。

A 枯れ木が立ち並ぶ正木峠の星空。
B 周囲を一望できる最高地点にある展望台。
C 約800mの断崖絶壁の上にある大蛇岩。
D 駐車場は開けていて観測向き。

> **おすすめポイント**：光害が少なく星空がきれいに見える／大阪からアクセスしやすい
> **気をつけるポイント**：危険なため入山は控えよう／天体写真を撮影している人もいるためマナーに注意

福岡県 STAR SPOT 05 FUKUOKA

## 星野村

大型望遠鏡を備える

泊まれる天文台が魅力

九州自動車道「八女IC」より約50分。

**大**分県との県境に位置する福岡県八女市星野村。周囲を山々に囲まれた風光明媚な村で、光害が少ないのが特徴だ。空気も澄んでいて天体観測の好条件がそろっており、旧環境庁が実施していた「スターウォッチング星空コンテスト」で入賞を果たした星空の名所でもある。

　そんな星野村で必ず訪れたいのが、星の文化館という天体観測のための施設。九州最大の口径100cmと65cmの大型天体望遠鏡を備え、その時期に見えるメジャーな天体を専門の係員が案内してくれる。休館日の火曜日以外は昼も望遠鏡を見学することが可能。星の文化館には宿泊

106

Step2 キャンプ場を選ぶ

することもできるうえ、宿泊客は無料で天文台のガイドを受けることができる。
　また、屋外には天体観測専用の屋外ウッドデッキスペース「星見展望台」、横になって星を見上げられる公園「星の降る広場」がある。肉眼での観測に向いたスポットも充実しているのが嬉しいところだ。

A 星の文化館と星野村の星空。
B 美しい棚田があることでも有名。
C 屋外の見晴らしも抜群。
D 星の文化館内部にはプラネタリウムもある。

| おすすめポイント：星の専門知識があるスタッフに話が聞ける／美しい風景が楽しめる
| 気をつけるポイント：星の文化館は火曜日が定休日なので注意

107

COLUMN

# 星空キャンプ Q & A

キャンプ場選び編

リゾートのようなところから、キャンプテクニックが求められるところまで
キャンプ場の種類はさまざま。失敗しないために不安を解消しておこう

### Q 経験が少なく不安。初心者におすすめのキャンプ場は？

### A 高規格キャンプ場から始めよう

設備がきれいで充実しているキャンプ場を高規格キャンプ場という。上級者にとっては、大自然のなかで不便さを楽しむのがキャンプの醍醐味だが、初心者ではそうはいかない。最初は高規格キャンプ場からスタートするのがおすすめだ。

### Q 区画サイトとフリーサイトはどっちがおすすめ？

### A 混雑の状況次第。目的に合わせて

広々とスペースを使えるのが魅力のフリーサイト。しかし、混雑時は隣と近くなりすぎることも。隣のテントとの仕切りがある区画サイトのほうが混んでいる時は安心。開放感を味わいたい場合は混んでいないキャンプ場を選ぼう。

### Q 冬キャンプでキャンプ場を選ぶポイントは？

### A まずは営業期間を確かめて

山間部では、冬は営業していないキャンプ場も多い。また、周辺の道路が閉鎖されることもある。必ず事前に営業期間、積雪量を調べておこう。薪ストーブを持っていない人はAC電源があるサイトを選び、電気ストーブを使うようにしよう。

### Q 地面が固くてペグが刺さらず困ったことが……

### A ペグ打ちが苦手なら芝のサイトを選ぶ

キャンプ場によっては、地面が固くペグが刺さらないことも。そのため、固い地面に向いた強度のあるペグを持っていない場合は、芝のサイトを選ぶようにしよう。特殊な形のペグが必要になる場合があるので、砂地のサイトも避けたほうがよい。

CAMP UNDER THE STARS

– Step 3 –

# 星空キャンプを楽しむ
# 道具をそろえる

— 109-131 —

TO CHOOSE A TOOL

コストをかけない、必要最低限の装備。
それでも、星空や自然は充分満喫できる。
しかし、買わずにレンタルしてもよいので
一度は上質なキャンプグッズを使ってみてほしい。
人間の技術と知恵が生み出した"究極の遊び道具"は
家族の思い出づくりに大きく貢献してくれる

キャンプグッズ監修：松尾真里子（プロキャンパー）
天体観測グッズ監修：木村直人＆唐崎健嗣（東京モバイルプラネタリウム）
カメラ監修：田中達也（自然写真家）

109

知っておきたい基礎知識

# キャンプグッズ選びの3つのポイント

使えるグッズに囲まれて、快適に過ごせるとキャンプはぐっと楽しくなる。
天体観測も備えがあれば、より充実する

## 上質なグッズがあれば、家族の満足度が高くなる

キャンプの満足度は、見た景色や体験で決まると考えている人も多いだろう。しかし、キャンプにハマるようになったきっかけをキャンパーに聞くと、「キャンプグッズを充実させて、快適にキャンプができるようになってから」という答えが意外に多い。広いテントや暖かい服装、リラックスできるキャンプグッズ。これらをそろえて**快適に過ごせるようになったからこそ、心に余裕ができて景色や体験がよりよいものに感じ**られる。

普通のキャンプとくらべて、星空キャンプのグッズ選びで**気をつけるべきは、寒さをいかに緩和できるか**。夜は夏でも想像以上に冷え、冬は信じられないほどの寒さとなる。標高の高いキャンプ場であればなおさらだ。しかし、心配する必要はない。寒いなかで飲むコーヒーが美味しいように厳しい環境での星空キャンプはその分、感動が生まれ特別な思い出になることだろう。

Step3 道具をそろえる

## Point 01 テント TENT

家族キャンプには広いテントが一番。調理スペースや食事スペースなど、**寝る以外の居住スペースができることで、リラックス度は一気に高まる。**さまざまな種類があるので、その特性を把握して選びたい。また、ストーブを使えるテントがあれば、冬のキャンプを何十倍も楽しめるようになる。

詳細はp.112で解説！

## Point 02 服装 CLOTHING

寒さ対策の要となるのが、キャンプでの服装だ。体温調整をしやすいように、重ね着をするのがキャンプファッションのコツ。**アウター選びにのみ目がいきがちだが、足元から首周りまできっちりと対策することが必要。**万全な備えをすれば、昼夜の温度差を恐れる必要がなくなる。

詳細はp.116で解説！

## Point 03 小物 GOODS

キャンプの象徴ともいえる焚き火台や、テント内を暖めてくれるストーブなど、**キャンプグッズの充実がキャンプの成功につながる。**また、星座早見盤やコンパスといった、天体観測をサポートしてくれるグッズもある。満天の星空を隅から隅まで楽しむためにも、ぜひそろえておきたい。

詳細はp.120で解説！

# 快適なテントを選ぶ

星空キャンプデビューは、まずテント選びから。
お気に入りの1張を見つけるためのポイントを紹介する

> キャンプの楽しさはテントで決まる！

ホテルより宿泊費を抑えることができるのがキャンプのよいところ。そんなコスパのよいキャンプだからこそ、テント選びにはこだわりたいもの。高いものから安いものまでさまざまな種類があるが、何を意識すればよいのだろうか？

**まず初心者が押さえておきたいのは、スペースに余裕があるテントを選ぶこと。**寝袋を敷くスペースしかないようでは、ストレスや疲れが溜まりやすい。くつろげずに「もう行きたくない」と家族に思われてしまっては、せっかく買ったテントも無駄になってしまう。最初は広めのテントのなかで、予算に見合うものを買うのがおすすめ。

**キャンプの楽しさがわかりはじめた中級者が手に入れたいのが、コットン素材でできたテントだ。**夏は外の熱い空気を遮断し、冬はなかの暖かい空気を逃さないのが特徴。また火に強くストーブやコンロも使えるので、防寒対策が必要な星空キャンプにピッタリのテントといえる。

暖かくてゆったりとしたテントがあれば、寒い夜も快適だ。

Step3 道具をそろえる

## 居住空間の広さで選ぶ

テントはスペースに余裕ができるだけで、驚くほど快適になる。**テントの外で目一杯遊んで、テントのなかではゆったりとくつろぐ。**それを繰り返すと、子どももどんどんキャンプが好きになっていく。大人にとっても、大自然のなかで優雅に過ごすのは贅沢な時間になる。

### point 調理スペースが広いと料理をするのが楽しくなる

外での調理は、風や日差し、虫などストレスだらけ。テント内にキッチンスペースや食事スペースがつくれると料理の楽しさが倍増する。

## ストーブが使えるテントを選ぶ

空気が澄んで星がきれいに見える冬。キャンプ場も空いているため、星空キャンプをするには絶好のシーズンといえる。この時期を快適に過ごすための必需品がストーブだ。「テントにストーブ？」と思うかもしれないが、**冬のキャンプ場には煙突が出ているテントが多く、冬キャンプの必須アイテムになりつつある。**ストーブを使う場合は、煙突を使う仕様になっていて換気がしやすいテントを選ぼう。

### point 火に強いコットン幕がおすすめ

コットン素材でできたテントをコットン幕という。重いなどデメリットもあるが、火に強く見た目もおしゃれなので愛用するキャンパーも多い。

### advice
**換気に気をつけよう**

ストーブを使う時に気をつけたいのが、一酸化炭素中毒。安全性のためにはこまめな換気が必要だ。念のため一酸化炭素警報器を備えておくとよい。

113

## 快適なテントを選ぶ
# テントのタイプと特徴

形状によってさまざまな種類にわけられるテント。それぞれにメリット・デメリットがある。
必要なポイントを押さえたうえで、自分たちにピッタリのテントを選ぼう！

**組**み立てやすく撤収も簡単であることから、キャンプをしたことがある人なら一度は使ったことがあるドーム型テント。しかし、テントにはほかにもさまざまな種類があり、それによってキャンプスタイルは大きく変わってくる。

**一番おすすめしたいのが、中心に一本のポールを立てて設営するワンポールテント。**サーカスのテントのようなかわいいビジュアルから、近年流行しているグランピングで使われることが多いが、実は機能面でも優秀。シンプルな設営方法は慣れればスムーズに組み立てられるようになるし、天井が高いので居住空間も広く感じられる。

**ファミリーキャンプには、タープと一体化したツールームテントも向いている。**半面は地面が露出した土間のようなつくりになっているため、キッチンやテーブルを置いてダイニングにすることができる。地面が芝生になっていて食事の時も自然を感じられると、キャンプらしさは倍増する。

### おしゃれかつ実用的な優等生
## ワンポールテント

ペグで幕を固定したあとにポールを持ち上げて設営する。おしゃれなだけでなく、なかが広く感じられるうえ設営も簡単。唯一の難点は設営したあとのレイアウト変更が効きにくいこと。

**point**

**設営・撤収は慣れあるのみ**

独特な設営スタイルのワンポールテント。最初は手間取るかもしれないが、慣れればひとりでも設営ができる、使い勝手のよいテントといえる。

設営のカギとなるのが地面に打ちつけるペグ。硬い地面に対応できるよう高強度のものがあるとよい。

サイドを立ち上げたベルテントというタイプは、居住性が抜群。

Step3 道具をそろえる

ファミリーでもゆったり
## ツールームテント

ドーム型テントにタープが一体化したようなつくりになっており、テントとタープを別に用意するよりも準備が楽でかさばらないのが人気の理由。タープ部分は密閉性が高いため、虫の侵入もブロックできる。

### 土間を活かそう！
テント内に地面がむき出しの部分があるのが、ツールームテントの特徴。低いテーブルとイスを使った、ロースタイルというキャンプスタイルがハマる。

荷物をタープ部分に出せるため、寝室部分も広くスペースを取ることができる。

タープ部分は通気性の高いメッシュ生地で囲むことができるほか、シートで全面を覆って暖を取ることもできる。

組み立てやすさ抜群！
## ドーム型テント

2本のポールで組み立てるタイプのテント。設営が簡単で価格帯も安いものが多いのが魅力。ただし、居住空間が狭くなるのが難点だ。

### タープが必須
ドーム型テントは寝袋や荷物を置くと狭くなってしまう。リビングスペースをつくるには日よけであるタープの存在が必要不可欠だ。

丸型のドームテントは風を受け流しやすく、突風にも強い。

ペグなしでも自立するため、比較的組み立てたあとも移動がしやすい。

115

## Point 02 過ごしやすい服を選ぶ

寒暖差が激しいキャンプ場の昼夜。キャンプ中に体調を崩さないためにも寒さ対策に適した服を選びたい

寒さを感じずに過ごせれば、自然と子どもの笑顔も増える。

### 基本は重ね着、寒さ対策は万全に

星がきれいに見えるキャンプ場は標高が高い。そのため、昼と夜の寒暖差が大きくなる。また、夜は足先や手、首など末端から冷えていく。なので、**体感気温に応じて着脱が可能で、かつ指先までしっかり温めてくれるような防寒が、快適な星空キャンプには必要になる。**

まず基本となるのが衣類の重ね着だ。肌着、Tシャツ、フリース、アウターと何枚も用意することで、寒さを防ぐことができる。特に子どもはよく動くので体温が瞬間的に上がりやすい。そんな時、分厚いアウター1枚だと体を冷やしてしまうが、**重ね着をしていたら少しずつ体温を調整することができる。**

また、末端の防寒には手袋や帽子、分厚い靴下が重要。高地になると風も強いので、肌をなるべく露出しないようにしよう。首周りや口元までカバーできるアウターがあると、観測中も体温を下げずに済むので安心である。

Step3 道具をそろえる

## 寒がる前に上着を用意

子どもと大人の体感温度は大きく異なる。特にキャンプ場では子どもがはしゃぐので重ね着したものを脱いでしまいがち。なるべく注意して、少しでも寒がったらすぐに服を着せる準備をしておこう。手首までカバーできるのでアウターは少し大き目でも◎。

アクティブに動いている時は、アウターを脱いで動きやすく。

運動後は暖かいアウターを着込んで体を冷やさないように。

### point
### 夏の重ね着チェック

気温が高い夏は、服装による防寒を軽視しがち。しかし、夏は日中に汗をかきやすく体を冷やしやすい。長袖の上から半袖を重ねるなど、夏でもしっかり重ね着をしよう。また、長袖を着ることによって蚊やヒルなどの害虫から身を守ることもできる。備えあれば憂いなしの精神で、入念な準備をしておこう。

動きやすさと体温管理を両立したファッションを目指そう。

過ごしやすい服を選ぶ

# 衣類の種類とポイント

せっかくの星空キャンプも、寒さに負けては楽しめない。おしゃれでかっこよく暖かさもキープできるファッションでモチベーションを高めよう

**夏**のキャンプでも、高地に行く時に持っていきたいのがダウンジャケット。標高によっては8月でも10℃以下に冷え込むことがあるので注意したい。選ぶポイントは充分暖かさを保持できる厚さと素材であるかどうか、そして防風性能。特に高地の風は強烈なので、風を防げるかどうかは確実にチェックが必要。また、キャンプ場では動くので、必ず試着して実際に着た時の着心地を大切にしよう。動きにくければ、せっかくのキャンプも楽しめない。

次に気をつけたいのが足元。夜は地面が冷たくなるので、足先から寒くなる。足裏にカイロを貼るなどの対策が必要だが、防寒性に優れたスノーブーツがあると安心だ。地面が湿っていることもあるので、防水加工してあるものを選ぶとよいだろう。

そして、意識するとしないのでは大きな差が出るのが、靴下と肌着。靴下は生地が厚いものを重ね履き、肌着は裏起毛で保温性が高いものを選ぼう。

## モンベルがコスパ最強！
### ダウンジャケット

お手頃な価格で性能がよいのがモンベルのダウンジャケット。柔らかくて動きやすいのも子どもが喜ぶポイントだ。カナダグースの製品もファッショナブルかつ高品質なので星空キャンプ向き。

point
**袖口の密閉性**
寒さは隙間から入り込んでくるもの。手首にフィットして冷気が入らないような構造になっているかどうかも大切なポイントだ。

フリースを着込むことによって、より防寒性を高めることができる。

充分な厚さのある生地が、キャンプ場の寒さから身を守ってくれる。

Step3 道具をそろえる

### 足元が暖かいと安心
## スノーブーツ

防寒性能に特化した靴は、ひとり一足は手に入れておきたい。生地が分厚い、冷気を通さないものを選ぼう。すねのあたりまで高さがあるものを選び、パンツと組み合わせて下半身の防寒を完璧にしよう。

**point**

**レッグウォーマーを＋**

スノーブーツと組み合わせて、レッグウォーマーを履くと足元の防寒は完璧。レッグウォーマーの上から靴を履くと足首を密閉できる。

動きやすさも大切なので、フィット感もあるとよい。

下側だけでも防水加工がしてあると、キャンプの時に役に立つ。

### 目立たないけど一番大事
## 靴下と肌着

見えないからといって侮るなかれ。靴下と肌着の素材にこだわると、天体観測時の快適さが大きく変わる。特にユニクロのヒートテックのような、防寒加工のしてある肌着は星空キャンプの必需品。

靴下は厚さが重要。それを重ね履きすることで、暖かさをキープできる。

最上級の防寒効果のある肌着を何枚か用意しておこう。

**point**

**裏起毛の肌着**

毛が立っていてふんわりとした肌触りの裏起毛の肌着は、着心地がよいだけでなく保温性も抜群。肌着を選ぶ際のポイントのひとつだ。

119

## Point 03 役立つ小物を選ぶ

不便な自然のなかでこそ、洗練された機能を持つグッズのよさが際立つ。
観測をより楽しいものにしてくれる道具選びを心がけよう

寒い冬の夜でも、小物を充実させると快適に過ごせる。

### ストレスフリーなキャンプを目指そう

いざキャンプへ行ってみると、「あれを用意しておけばよかった……」と後悔することはよくあるもの。ストレスフリーで心から楽しめる星空キャンプにするために、用意しておくべきキャンプグッズを知っておくことが大切だ。

まず考慮しておきたいのが、どのようなスタイルで星を眺めるのか。イスに座って見上げたり、ブルーシートに横になって眺めたりとさまざまな方法がある。どのような観測方法をするにせよ、星空キャンプのメインイベントなので、快適に過ごせるように準備しよう。座り心地のよいイスを選ぶ、レジャーシートの下に敷ける断熱マットを用意するなど、場面に合わせた工夫ができるとよい。

また、普通のキャンプと違い冷えるため、体を温める小物や食事も用意したい。天体観測グッズがあれば、星を眺める時間がもっと楽しいものになるだろう。当日の流れをイメージしながら、自分たちに合った小物を選びたい。

Step3 道具をそろえる

## check! 目的別そろえておきたい小物リスト

| 体を温める | 快適に観測する | 星空を楽しむ |
|---|---|---|
| ストーブ※1 | コット | 星座早見盤 |
| 焚き火台 | 寝袋 | カメラ |
| カイロ | カーミットチェア | 三脚 |
| コーヒーセット | 赤色のライト※2 | コンパス |
| 携帯用ガスコンロ | 虫除けスプレー | 双眼鏡 |
| 断熱マット | レジャーシート | 星座アプリ※3 |

※1 一酸化炭素中毒にならないよう、換気をこまめにし、一酸化炭素警報機を使用する。
※2 懐中電灯に赤色セロハンを巻くことで代用できる。
※3 まぶしくないように画面を赤色表示できるもの（137ページ）がよい。

### 自分たちなりの楽しみ方を見つけよう

星座探しを楽しむ人もいれば、リラックスしてただ星を眺めたいという人もいる。星空の楽しみ方はひとつではないので、自分たちなりの観測方法を見つけよう。例えば**ゆっくりと星を眺めたいならば、キャンプ用のベッドであるコットの上に寝袋を敷いて、横になって観測す**るのがおすすめだ。首が疲れず、寒さも防ぐことができる。

また、**星の楽しみ方として一般的なのが、星空写真の撮影**。星の光は弱いため撮影は少し難しいが、奥が深く一晩中でも楽しめる。148ページを参考に挑戦してみよう。

**point**

**本を持って星を見よう！**
星の見方や天体観測の時に気をつけることなど、いざとなったら忘れてしまうもの。そんな時のために1冊天体観測の本を持参すると便利だ。

コット（上）の上に寝袋（下）を敷いて寝ると快適に観測できる。
寝袋は防寒性能が高いものを選ぼう。

役立つ小物を選ぶ①

# くつろぐ

リラックスできると心に余裕が生まれるもの。
家族と過ごす大切なひとときを、豊かな時間に変えてくれる上質なグッズを選ぼう

　せっかく休みを取って遠出しているのだから、気持ちよく過ごしたいもの。しかし、**必要最低限の装備だけでは、快適性や実用性が犠牲になりストレスが溜まってしまう**。自然のなかで優雅な時間を過ごすのがキャンプの醍醐味。また行きたいと思えるキャンプにするため、くつろげるグッズ選びには手を抜かないようにしよう。

　星空キャンプにあると嬉しいのが、アウトドア用のベッドともいえるコット。星空を見る時に外に出して、**寝袋にくるまりながら天体観測するのは至福の時間**だ。また、イスとしても代用できるので持っていて損はない一品だ。

　寝袋選びも星空キャンプには重要。外に出して星を見ることがあるので、保温性の高い冬用の寝袋を用意しておきたい。**確実にそろえておきたいのがカーミットチェア**。ビジュアルがよいうえ、コンパクトに折り畳めるので荷物がかさばりがちなキャンプでは重宝する。

ラグジュアリー感を演出できる

## コット

寝転がりながら星を見るのは、一度は体験してほしい至福の時間。子どもと流星群を見ながら寝転がれば、一生の思い出に残る時間を過ごせること間違いなしだ。寝心地を確かめてから買うようにしよう。

point

**子どもの活動拠点に**
寝心地がよく、安心できるコットは子どもの拠点にするのがおすすめ。お気に入りの場所ができれば、機嫌がよくなる。お昼寝するのも気持ちよい。

どれくらい沈み込むかが、快適さのポイント。寝転がってみて自分好みのクッション性のものを選ぼう。

3人が横並びで座れるぐらい充分な大きさがあるものが、汎用性が高い。

Step.3　道具をそろえる

### 暖かさを重視しよう
## 寝袋

高地でのキャンプが多くなる星空キャンプでは、寝袋選びが特に重要。軽さを重視したものも多いが、体調を崩して翌日活動できないとつらいので、暖かさにこだわって選ぼう。

**point**

**内側の手触り**

外側は冷気を防ぎ、内側は暖かさを逃さない寝袋を選ぼう。内側に羽毛がしっかりつまったフィルパワーの高いものがおすすめだ。

全身をすっぽり覆うことができるマミー型。密閉性が高く暖かいのでおすすめ。

中綿の素材や厚さも大事。冬用の寝袋が星空キャンプには向いている。

### ビジュアルと携帯性が抜群
## カーミットチェア

木の素材感を活かした背の低いイスであるカーミットチェア。インテリアとしても使えるようなおしゃれなものが多く、色のパターンが多い。背の低いテーブルと合わせてロースタイルを完成させよう。

カラーバリエーションが豊富なのが嬉しいところ。オリジナリティーを演出しよう。

ゆったりとした座り心地のものがよい。敷物を敷くのもあり。

**point**

**最強の収納力**

パーツごとにわけて収納すれば、幅15cm、長さ60cm程度におさまる。大家族の場合は収納が死活問題なので、心強い味方になる。

123

役立つ小物を選ぶ②

# 体を温める

暖かさを感じると人間は本能的に安心するもの。体を温めるグッズがあれば
真冬の星空キャンプでも、ストレスを感じることなく楽しむことができる

　キャンパーのなかでブームといえるのが、テント内のストーブだ。電気ストーブや石油ストーブなどさまざまな種類があるので、自分に合ったものを選ぼう。
　火の起こし方にコツがいるものの、**抜群の存在感と環境への優しさで人気なのが薪ストーブだ**。ゆらゆらと燃える火を見ながら、テント内で過ごすのは究極のリラックスタイムといえる。
　今やキャンプに欠かすことのできないグッズである焚き火台。直接地面に木を置く直火がNGなキャンプ場も多いので、常に用意しておこう。**みんなで火を囲みながら星空を眺めるのもよいだろう。焚き火の火で缶詰などを調理することだってできる。**
　そして、火を消して寝る時に活躍するのが、湯たんぽのような役割を果たす豆炭あんか。長時間暖かいので、テントや寝袋の防寒が心もとない場合は用意するとよい。

### これで上級キャンパーの仲間入り
## 薪ストーブ

アンティーク的なおしゃれさのある薪ストーブ。熱で回る換気扇やポットをおけば、テント内の空気の循環や加湿をいっぺんに行える。火をくべる手間もキャンプならではの楽しみとなる。

**point**

**耐熱手袋を用意**

常に燃料を追加し続ける必要がある薪ストーブ。燃え盛る火のなかに、薪を追加する必要があるため、熱に強い手袋を用意しておくと安心だ。

炎が揺らめく姿が見えるガラス張りのストーブがおすすめ。

テントのサイズに合わせた大きさのストーブを選ぼう。

Step.3 道具をそろえる

## キャンプの定番グッズ
### 焚き火台

ハマるキャンパーが多い焚き火。網などを乗せて食材やお湯を温めたりできるので、火を囲みながらコーヒーを淹れて、星を眺めるといった楽しみ方もできる。適度な火力に調整しながら楽しもう。

**コンパクトさが大事**
金属でできている焚き火台だが、簡単に薄く折りたためるものもある。キャンプは荷物が多くなりがちなので、収納しやすいものを選ぼう。

焚き木の量に注意して、火力を調整しよう。火の粉がテントに穴を開けることもあるので注意。

大勢で使えるオープンタイプの焚き火台。燃料の持ちがいいクローズタイプのものもある。

## 暖かさが長時間続く
### 豆炭あんか

丸い豆炭に火をつけ、ケースに入れることで湯たんぽのような役割を果たす。長時間触れているとやけどのおそれがあるので注意。暑すぎると感じる時はタオルを巻くなどして温度調整する。

**寝袋に入れて使おう**
豆炭あんかを入れると寝袋全体が暖かくなるのでおすすめだ。足の間に入れて、熱いようであれば一枚タオルを挟むようにしよう。

小さく開いた穴が空気の量を調整し、温度を調整してくれる。

一度火をつけると、10時間ほど暖かさが持続する。

役立つ小物を選ぶ③

# 食べる

美味しい食事はキャンプのビッグイベント。豊かな自然のなかでは調理も食べるのも楽しく感じる。調理が楽しくなるキッチングッズ選びを心がけよう

レストランのように手が込んだ料理でなくても、キャンプ場で食べる料理は美味しく感じるもの。きれいな風景もごちそうの一部になるのだから。**さわやかな朝の空気のなかで食べる朝食や、星を眺めながら飲むコーヒーはどんな料理にも負けず記憶に残るはずだ。**

もちろん、食べる側だけではなくて、つくる側の手間のかからなさも大切。**キャンプ場は普段のキッチンよりも不便なことが多いので調理を助けてくれるグッズ、レシピ選びも大切だ。**インスタントも上手に活用して、手軽さを追求しよう。例えば、フライパンだけですべての調理を終えることができるレシピなどがおすすめ。具材に軽く火を通したあと、アルミホイルをかぶせて蒸し焼きにすれば、素材の味を楽しむことができる。

また、**広い調理スペースの確保も大切**。調理台選びにこだわって、楽しく料理をしよう。後片付けを家族みんなでフォローするのも忘れずに。

## 大皿代わりにも使える
### フライパン

底の浅いフライパンであれば、調理したものをそのままダイニングに並べることができる。かわいい形のフライパンなら、ビジュアル的にも申し分ない。アウトドアらしい料理を堪能しよう。

point

### ストーブでも調理可
わざわざ火をおこさなくても、調理ができるのがストーブのメリット。温め直しもすぐでき、常に熱々の食事を楽しめる。

彩りのある野菜を添えて、華やかさを演出しよう。

熱が伝わりやすい、鉄のフライパンが調理しやすい。

Step3 道具をそろえる

## キャンプには欠かせない
### コーヒーグッズ

星を見ていると、遅い時間まで起きていたくなるもの。そんな時に欲しくなるのがコーヒーだ。満天の星空と豊かな自然のなかで飲む、丁寧にドリップしたコーヒーは、冷えた身体に温かく染み渡る。

ポットの口をドリッパーに近づけて、お湯を優しく置くように入れるのが美味しいコーヒーのいれ方だ。

### point

**口の厚いコップを**
寒い夜にはコップのなかのコーヒーも冷めやすい。口の厚いコップを選ぶことで、長い間温かいコーヒーを飲むことができる。

ペーパーレスのドリッパーもあるが、ペーパーのほうが粉っぽくならない。

## 料理を楽しくする
### 調理台

豊かな自然のなかでの調理は楽しいもの。そんな気分をより高めてくれるのが広い調理台だ。キッチンスペースが大きいと、味つけや盛りつけにこだわる余裕も出てくる。食器の収納もできるとなおよい。

### point

**皿の収納スペース**
雰囲気のよいキャンプに紙皿では味気がない。お気に入りの食器を用意しよう。割れない素材でできていて、重ねてもかさばらないものがよい。

アンティークのコンロが、キッチンの雰囲気をかっこよくする。

まな板などを置いて作業できるぐらい、天板が大きいと調理の負担が減る。

役立つ小物を選ぶ④

# 星を撮る

カメラには暗闇のなかで撮影できない機種もある。「星を撮ろうと思ったのに、シャッターすら押せなかった」という事態にならないように、目的に合わせて選ぼう

**夜**は普段の撮影シーンとくらべものにならないほど暗い。昼間撮影するように設定されたオートモードだと、カメラは光を認識できず、AFが働かずシャッターが降りなかったり、フラッシュがオートで焚かれてしまったりする。星をきれいに撮るにはカメラ選びが大切だ。

とりあえず星が撮れれば満足という人は、星空が撮れる機能を持ったコンパクトカメラがおすすめ。製品によっては星空に適した設定にオートでしてくれるなど、初心者にも扱いやすい仕様になっている。

今後、星空写真の撮影を趣味にしたいという人は、一眼レフカメラを買ってもよいだろう。手動で設定を変更する手間はあるものの、きれいに星を撮ることができる。また、一眼レフカメラからファインダーをなくし、より軽量化したミラーレス一眼というタイプもある。売り場の担当者に聞くなどして、機能の違いを吟味しよう。

## お手軽で普段使いもいける
## コンパクトカメラ

レンズの交換などはできないが、携帯しやすく普段使いもできる。キヤノンの「PowerShot G9 X」など星空撮影用の設定を搭載しているものもあるが、なかには星空撮影ができない機種も多いので注意しよう。

**星を撮る機能が充実**

「PowerShot G9 X」をはじめ、キヤノン製品には星空撮影用の機能がついた機種がある。機能のひとつである「星空軌跡」というモードでは、簡単に線状の星を写すことができる。

Mモードか星空専用の撮影モードがあるカメラを選ぼう。

レンズ交換ができないのが難点だが、画角が広く星空を充分に撮影できる。

Step.3 道具をそろえる

## こだわりたい人にはおすすめ
### 一眼レフカメラ

レンズを通した画像を直接見ることができるカメラが一眼レフだ。コンパクトカメラとくらべて性能がよく、天の川などがきれいに撮れる。

**point**

**ノイズが出にくい**
暗い星まで写すように高感度設定で撮影するとノイズが発生し、ざらざらした仕上がりになりやすい。低ノイズのカメラを選びたい。

低い位置から撮影することもあるため、液晶モニターは可動式が便利。

レンズが取り換えられるので、狙いに合わせたアレンジができる。

## コンパクトさと性能を備えた
### ミラーレス一眼

ピント合わせや明るさ調整など、シンプルで使いやすいものが多い。

一般的な一眼レフの光学式ファインダーに代わり、ファインダー内のモニターを通して映像を確認できるのがミラーレス一眼。近年性能が大きく向上し、並の一眼レフにも対抗できる程になった。コンパクトさと画質の両方を追い求めたい人に向いている。

**point**

**さらに応用が効く**
上級者向けだが、バルブ撮影で星を点状(151ページ)に写す道具の赤道儀を使用する場合は、コンパクトなミラーレス一眼が活躍する。

レンズ交換可能だが、大きいレンズを使うと重くなってしまい、重心も前にかかり扱いにくくなる。

129

役立つ小物を選ぶ⑤

# 天体観測をする

満天の星空はただ眺めているだけでも充分楽しいもの。
しかし、ちょっとしたグッズをそろえるだけで、そのおもしろさは何倍にも広がっていく

初めての星空キャンプでは、いつもの夜空との違いに驚き、ただ眺めているだけでも非日常的な体験ができるだろう。しかし、回数を重ねて少し落ち着いて星を眺められるようになったら、じっくりと楽しめるグッズを用意したい。

最初に挑戦したいのが、星座について詳しくなること。一度覚えてしまえば、星空キャンプに行く度に楽しめる。**まばゆくきらめく星だけでなく、そのかたわらにポツンと佇む星にも愛着を持て**るようになれば、天体観測の幅がぐっと広がるのだ。この時に持っておくとよいのが星座早見盤とコンパス。星座早見盤は観測時の夜空にどんな星が見えているかがひと目でわかる優れもの。コンパスもあれば、どの方角にどの星座があるのかが一瞬で理解できる。**また、双眼鏡があれば、肉眼では捉えにくいような細かな星を観測することも可能になる。**天体観測用の双眼鏡は通常と選ぶ基準が異なるので注意しよう。

## 天体観測の必需品

### 星座早見盤

目盛りを観測時の日時に合わせるだけで、その時間の星座の位置がわかる。同様のアプリもあるが、画面を赤色で表示する機能がないものも多いので、目に優しく使いやすい星座早見盤があるとよい。手頃な価格なのも嬉しいポイントだ。

point

**見方に注意！**
通常の地図と東西南北が逆になっている。これは頭上にかざしながら使うためで、かざして使うと正しい方角になる。

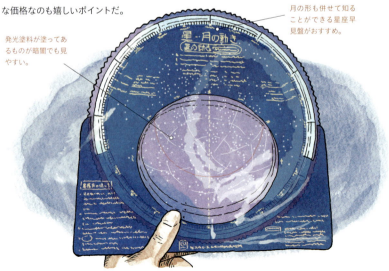

月の形も併せて知ることができる星座早見盤がおすすめ。

発光塗料が塗ってあるものが暗闇でも見やすい。

Step3 道具をそろえる

暗闇のなかでは方角がわからなくなってしまうもの。しかし、星座の位置を知るのに方角の把握は必須。そこで必要となるのがコンパスだ。万が一、遭難した時にも役に立つ。

## あるとないとでは大違い！
## LEDつきコンパス

ポケットにも入る小型で薄いものが使いやすい。

カラーバリエーションが豊富でかわいいデザインのものが多い。

### point

**赤色LED照明**

暗闇では針が見えなくなってしまうので、目に優しい赤色のLED照明がついているものがよい。明かりが弱いものでも、カメラや星座早見盤など手元を照らすライトとして使える。

## 天の川の細かい部分がわかる
## 双眼鏡

天の川の白い部分が小さな星の集まりだとは肉眼ではわからないだろう。しかし、双眼鏡があれば片目で見る望遠鏡と違い、自分の目で見ている感覚を保ったまま星の詳細がわかる。

高価になるが、手ぶれ補正機能があると一段と見やすい。

取り込める光が多くなり、暗い星が見やすくなるので、口径が25mm以上のものを選ぼう。

### point

**倍率は低めでOK**

「100倍ズーム」など超高倍率を謳っているものはのぞくとクラクラするような粗悪品が多い。倍率が上がると視野も暗くなるため、5〜7倍で充分だ。

131

COLUMN

# 星空キャンプ Q & A 道具選び編

手頃なものから高級品まで、幅が広いのがキャンプグッズ。
快適なキャンプにするために、購入する前に疑問を解決しておこう！

## Q サイズや素材以外でテント選びの重要なポイントは？

### A コンパクトさと耐水圧に注目

テント選びで大事なのが、どれだけ持ち運びやすいか。グッズが増えると車内がパンパンになるので注意しよう。水分の浸透しにくさを示す耐水圧もポイント。耐水圧が高いと通気性が悪くなるのでシーンに合わせて選ぼう。

## Q 持っていく衣服をなるべく少なくしたいのですが……

### A 必ず気温を調べて準備しよう

キャンプ場の最高気温が15℃以下であれば、薄手のジャンパーなどが必要だ。10℃以下になれば、手袋やネックウォーマーがあると嬉しい。また、最低気温が5℃を下回るようであれば、厚手のダウンなど万全な防寒対策が必須になる。

## Q 星空撮影の途中でシャッターが切れなくなった

### A ノイズ除去機能の設定を確認する

星を撮る時にバルブ撮影（151ページ）をしたあと、シャッターが切れなくなることがある。それは撮影後カメラ内で画像の修正をしているから。すぐ次の写真を撮る場合は、事前にノイズ除去機能をオフにしよう。

## Q 薪ストーブに挑戦したいけどおすすめはある？

### A 新保製作所の製品がおすすめ

電気ストーブ（108ページ）よりも手間ではあるが、冬キャンプの雰囲気をより高めてくれる薪ストーブ。ハンドメイドでつくられた、「新保製作所」の薪ストーブは性能がよく安心して使えるうえ、価格も2〜3万円台とお手頃。

CAMP UNDER THE STARS

— Step 4 —

# 星空キャンプで
# 思い出を残す

— 133 - 155 —

TO LEAVE MEMORIES

満天の星空は家族みんなを笑顔にする。
しかし、すてきな時間はあっという間。
たった一晩、だけど最高の思い出にしたいなら
知っておきたいことは、まだまだたくさん。
無数の星がきらめく夜空からお目当ての星座を見つけるポイント。
星の瞬きを逃さず収める撮影のコツ——。
その楽しみ方は、星空のように無限だ。

天体観測監修：木村直人＆唐崎健嗣（東京モバイルプラネタリウム）
カメラ監修：田中達也（自然写真家）

> 知っておきたい基礎知識

# 思い出づくりの2つのポイント

計画・準備が終わったら、あとは楽しむのみ！
一生の思い出をつくるための
星空の楽しみ方を提案する

> 自由気ままに楽しむのもよいけれど……

**満** 天の星空の下に立った時、どう楽しむかに決まりはない。きらめく星々を見ながら語りあったり、テントを離れて気が向くままに散歩したり、心のおもむくままに行動するのが正解だ。しかし、**多くの人が築き上げてきた「星空を楽しむスタイル」というものは存在する。**

例えば、5000年以上昔につくられた星座。光害が少なく今よりもたくさんの星が見えた時代、昔の人は想像力をめぐらせ、星の連なりを何か別のものに見立ててきた。星が見える方向は季節によって変わるが、星同士の位置関係は一生変わらない。**一度覚えてしまえば、いつまでも楽しめるのが星座のおもしろいところだ。**

星座とは対極に、最新テクノロジーを活かした楽しみ方が、星空写真の撮影だ。以前は細かな設定が難しかったが、**星空撮影用の機能があるカメラ(128ページ)** なら、初心者でも手軽に星の撮影を楽しめるようになっている。

Step4 思い出を残す

## Point 01
### 星座の観測
#### CONSTELLATION

誕生日の星座など、知っている星座を見つけると嬉しくなるもの。見つけられると星空が身近に感じられる。また、星は季節によって移り変わるものの、星同士の位置関係は何年経っても変わらない。太古の昔の人が名づけた星座は、昔と変わらない姿で今も存在しているのだ。そんな**ロマンチックな存在である星座だが、意外と判別するのが難しい。だからこそ見つけるのが楽しいのだ。**

詳細はp.136で解説！

---

## Point 02
### 星空の撮影
#### ASTROPHOTOGRAPHY

きれいな星空を見ていると、写真に残したくなってくるもの。淡い光を放つ星と写真は相性がよく、肉眼で見える以上の星を写すことができるため、昔から人気の分野だ。特に**風景と星を同時に収めた「星景（せいけい）写真」という分野は、幻想的な写真になりやすいことから、一大ジャンルとなっている。**しかし、暗闇で星の弱い光をカメラに落としこむのはテクニックが求められるので、ぜひマスターしたい。

詳細はp.148で解説！

## Point 01 星座を楽しむ

いざ観測を始めてみると、どれが星座なのかわかりにくい。
満天の星を前にして困らないよう、初心者向けの星座の楽しみ方を紹介する

見えた星座について話すのも、家族での楽しいひとときとなる。

### 自分のなかの星空地図を広げていこう

**形**が特徴的なオリオン座やカシオペヤ座ならともかく、初心者には星座の判別が難しい。似たような星がたくさん散らばっていて、どれとどれを結んだらいいのかがわからなくなってしまうからだ。

しかし、**判別できる星座が増えてくるにつれ星座観測は楽しくなってくる**。普段から星空を意識して知っている星座を増やしていこう。

まずは、明るい星や特徴的な星座を知ることから。気になる星があれば、星座早見盤（130ページ）やアプリを使ってすぐに調べよう。**「これならすぐに見つけられる」という星や星座がひとつあると、そこから星の世界を広げることができる**。

意外と難しいのが、星座の全体像をつかむこと。明るい星はともかく、周囲の星と明るさがそれほど変わらない場合はわかりにくい。そのような時は星図と実際の夜空を見くらべて、正しい星を結べるようにしよう。

Step4 　思い出を残す

ベテルギウス
(1等星)
リゲル(1等星)
シリウス(1等星)

## 明るい星からたどっていこう

夜空に輝く星は明るさごとにランクづけされている。そのランクは1等星から6等星まであり、数字が小さいほど明るい。**1等星は6等星の約100倍とずば抜けて明るく、全天で21個しかないのですぐ見つかる。**ちなみにオリオン座では左上の赤い星ベテルギウスと右下の白い星リゲルが1等星だ。

これらの明るい1等星は、すべて何らかの星座に属している。**1等星からその星座のおおよその位置の検討をつけ、1等星同士の位置関係から星空の全体像をつかむようにしよう。**

最初は感覚をつかむのが難しいもの。だからこそ見つけた時の喜びが大きいのだともいえる。

## 星と星をつなげよう

明るい星が見えたらあとは、星をつなぐだけ。しかし、そこが一番難しいポイントでもある。なぜなら**星座を構成する星のなかには決して明るくないものもある**からだ。

例えば、おおぐま座のしっぽを構成する北斗七星はほぼ2等星だが、胴体はすべて3等星以下。それを正しく結ぶのは至難の業なのだ。

そして**星座自体にも発見難易度に差がある。**自分のレベルに合った星座探しから始めてみよう。

### point
### アプリを使うのもおすすめ

「Star Walk」というスマホのアプリには、かざすだけでその方向にある星や星座の名前がわかるほか、目を光から守るため赤い光で表示する機能があり、星座観測の強い味方になる。

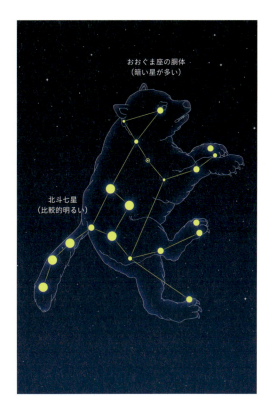

おおぐま座の胴体
(暗い星が多い)

北斗七星
(比較的明るい)

星座を楽しむ①

# 春の星座

ほかの季節よりも星の数は少ないけれど、大きくて特徴的な星座が多い春の夜空。
星座に親しんで、いくつもの星をつないでいけるようになれば、ぐっと楽しさが増す。
春の夜空が賑やかに感じられるようになれば、星空キャンプ上級者だ

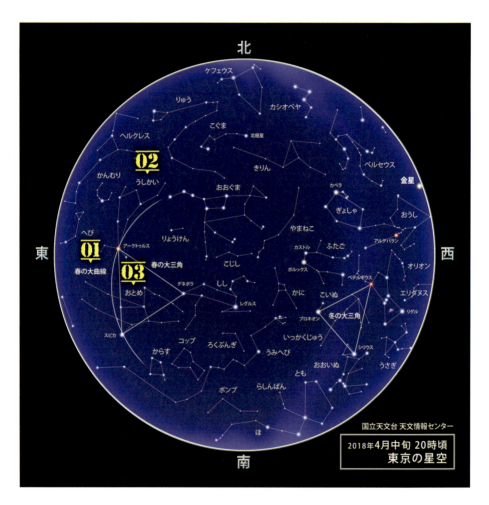

うしかい座のアークトゥルス、おとめ座のスピカが輝く春の星空。春の星座を探す時に目印になるのは、北の空高くに見える北斗七星だ。

北斗七星はおおぐま座の一部で、7つの星がひしゃくのような形で並んでいる。この北斗七星からたどっていけば、春の大曲線、うしかい座、おとめ座などを見つけられる。

Step4　思い出を残す

## POINT 01
### 春の大曲線を見つけよう

春の大曲線とは、春の夜空の代表的な星を結んだカーブのこと。この曲線をたどると、うしかい座や乙女座を見つけることができる。春の大曲線をたどるには、まず北斗七星を探してみよう。春の北斗七星は、真上からやや北の空に、水を入れる部分を下に向けた形。**そして北斗七星の柄の部分の曲線の延長線上で、うしかい座のアークトゥルス、おとめ座のスピカとぶつかる。**北斗七星の柄の部分からスピカまでを春の大曲線と呼ぶが、さらに延長して4つの星が台形に並ぶ、からす座も見つけられる。

## POINT 02
### うしかい座を探そう

春の東の空高くに見える大きな星座。**明るいアークトゥルスを腰に見立てて、足や胴体、振り上げた左手を結ぶことができる**だろうか。うしかい座の右腰にあたる部分は、よく見ると2等星と4等星の二重星だ。

## POINT 03
### おとめ座を探そう

目印となるのが、白く輝く星スピカ。惑星と間違えやすいので注意しよう。そこから左腰にあたるポリマ、おへそにあたるミネラウバ、左肩にあたるザヴィヤヴァの**Y字に見える星々をたどっていくのがわかりやすい。**

### check!
うしかい座はネクタイに見える？

りょうけん座の2頭の犬を連れた姿で描かれるうしかい座。しかし、星を正しく結べたとしても、牛飼いをイメージするのは難しいだろう。そういう時は、自分なりに何かの形に見立ててみるのがおすすめ。例えばうしかい座は、アークトゥルスを結び目に見立てたネクタイに見えるかもしれない。想像力を無限に働かせて、自分だけの星座をつくると愛着も沸いてくる。

星座を楽しむ②

# 夏の星座

数多くの星座と、南北に夜空を横切る壮大な天の川が夏の星座の見どころだ。
また、天の川の一角を囲うように、わし座のアルタイル、こと座のベガ、
はくちょう座のデネブが天高く輝いている

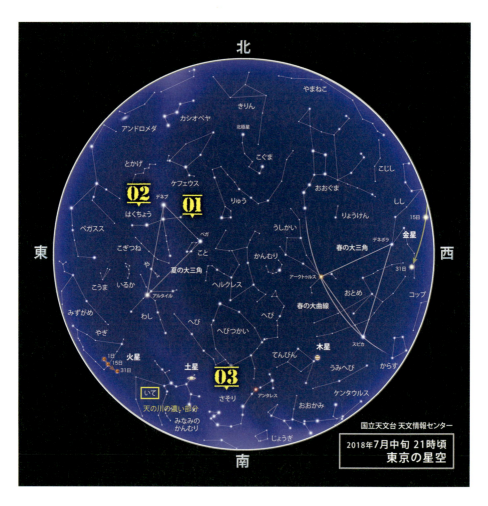

天の川は、わたしたちの地球がある恒星の集団「天の川銀河（銀河系）」を内側から見た様子だ。銀河のなかにも恒星が密集している部分とそうでない部分がある。

そして、密度が高い「天の川銀河の中心」は、地球から見ていて座の方向だ。そのため、夏の星座であるいて座の周辺の天の川は、色が濃く一段と輝いて見える。

## POINT 01
### 夏の大三角を見つけよう

はくちょう座のデネブ、わし座のアルタイル、こと座のベガの3つの星を結んでできる大きな三角形を「夏の大三角」という。**夏の大三角を見つけるには、まずこと座のベガを探してみよう。**夏の夜空に、頭の真上で一番明るく輝いている星がベガだ。天の川をはさんで、南側でベガと向き合っている明るい星が、わし座のアルタイル。ベガから少し北東に向かったところにある明るい星がデネブだ。夏の大三角がわかれば、夏の代表的な星座であること座、わし座、はくちょっ座を見つけることができる。

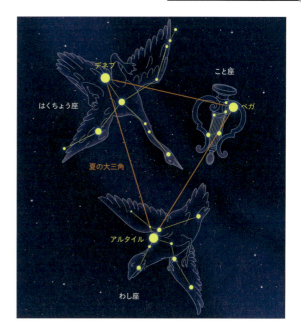

## POINT 02
### はくちょう座を探そう

東の空の高いところに、**夏の大三角の中心に向かって、白鳥が頭を突っ込むような形で位置している。**デネブはしっぽにあたり、くちばしにあたる3等星アルビレオは、2つの恒星からなる二重星でもある。

## POINT 03
### さそり座を探そう

南の空、地平線近くに大きく見える星が、さそり座を構成するアンタレスだ。さそりの心臓ともいわれ、**アンタレスを挟んで西から東へと続くS字カーブの星の連なりが、さそりの尾と身体を表している。**

### check!
### 七夕の星と天の川

天の川を挟んで向かいあうこと座のベガとわし座のアルタイルは、七夕伝説の織姫と彦星としても知られている。この伝説は、星空に君臨する天帝という神が、娘の織姫を働き者の彦星に嫁に出すところから始まる。そして、ふたりは仲がよすぎてまったく働かなくなったため、天帝はふたりを天の川の両岸に引き離し、七夕の日にのみ会うことを許したのだという。このふたつの星は街中でも見えるので、七夕シーズンに探してみよう。

星座を楽しむ③

# 秋の星座

カシオペヤ座、ペルセウス座、アンドロメダ座など、
ギリシャ神話の登場人物たちの星座が秋の夜空の見どころ。比較的暗い星が多いなかで、
明るく輝く「秋の四辺形」を目印に秋の代表的な星座を見つけてみよう

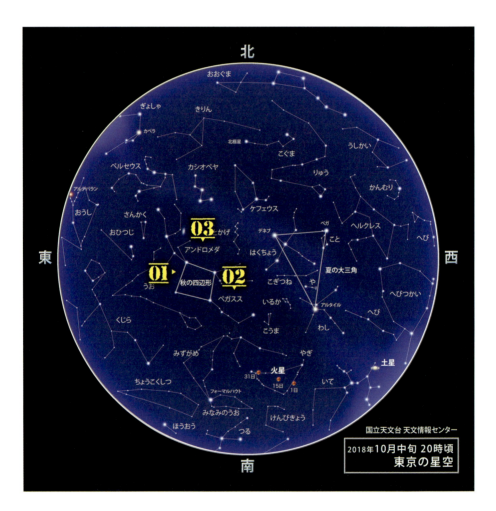

2 等星や3等星の星が多く、街中では寂しく見える秋の夜空。しかし、充分な暗さの星空キャンプならば、数多くの星が見える。アンドロメダ姫の腰のあたりのアンドロメダ銀河など、望遠鏡を使って見たい星座以外の天体も見どころだ。

日が短くなりたっぷり観測を楽しめる秋は、星空の奥深さをじっくり味わいたい。

Step4　思い出を残す

## POINT 01
### 秋の四辺形を見つけよう

天頂近くの北の空に、4つの星が四角く並んでいるのが見える。これが秋の星座を見つける時に目印となる「秋の四辺形」だ。けっして明るい星がつくる四辺形ではないが、周りに暗い星が多いので、明るく見える。**「秋の四辺形」は複数の星座ではなく、実はペガスス座の胴体を表している部分**。四辺形を形づくる4つの星のひとつアルフェラッツは、隣のアンドロメダ座の頭部も兼ねている。アンドロメダ座の近くには、カシオペヤ座、ペルセウス座、ケフェウス座とギリシャ神話の物語にちなんだ星座が並んでいる。

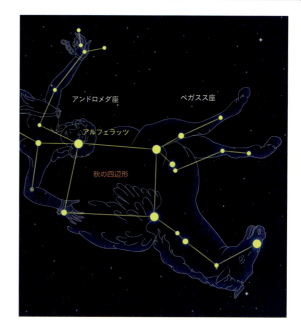

## POINT 02
### ペガスス座を探そう

馬の上半身を表したペガスス座。**「秋の四辺形」の南西側の星を結んでいくと、ペガスス座の明るい頭部の星エニフへとつながる**。北西側の星からは、勇ましく地を蹴る2本の前足を結んでいくことができる。

## POINT 03
### アンドロメダ座を探そう

四辺形の北東側の星アルフェラッツを頭部とするのがアンドロメダ座だ。**アルファベットの「A」のような形に星が並んでおり、腰にあたる部分には、アンドロメダ銀河が見え、条件がよければ肉眼で観測できる**。

### check!
### ギリシャ神話の星座たち

古代エチオピア王ケフェウスの妃カシオペアは、娘のアンドロメダを自慢するあまり、海神ポセイドンの怒りを買い、怪物クジラのいけにえにされることに。その窮地を、怪物メドゥーサを倒し、天馬ペガススに乗った英雄ペルセウスが救う。秋の星座にはケフェウス座やくじら座、ペルセウス座まで登場し、これらのストーリーを思い起こさせてくれる。秋に星座をたどる際は、ギリシャ神話の物語も頭に入れておくと想像力が高まり観測が楽しくなるだろう。

## 星座を楽しむ④
# 冬の星座

明るい星が多い冬の星空の目印は、なんといってもオリオン座。
3つ並んだ明るい星と、それを囲む4つの星々は街中にいても見つけることができる。
そこから「冬の大三角」やオリオンと戦うおうし座など、星座の世界を広げていこう

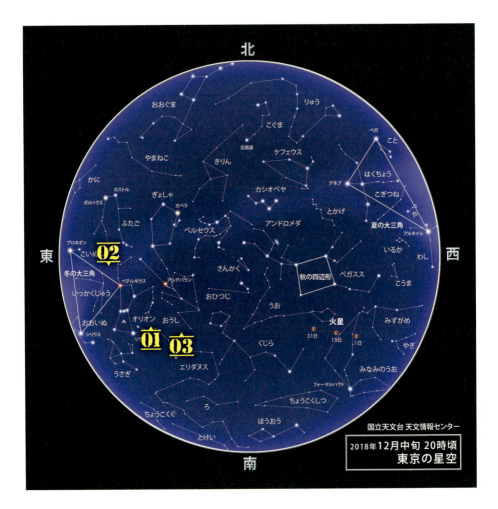

冬の空にはさまざまな明るい星が輝く。おうし座のアルデバラン、オリオン座のリゲル、おおいぬ座のシリウス、こいぬ座のプロキオン、ふたご座のポルックス、ぎょしゃ座のカペラなどの星だ。

これらの星を結んだものは「冬の大六角形」と呼ばれ、にぎやかな星座たちをたどる手がかりとなる。

Step4　思い出を残す

## POINT 01
### オリオン座を見つけよう

オリオン座を見つける時の目印は、南の空高く、斜めに並んでいる明るい「オリオンの三ツ星」だ。オリオン座は狩人オリオンをかたどった比較的大きな星座で、**三ツ星はオリオンのベルトにあたる**。オリオンの右肩にあるベテルギウスは、赤く輝く年老いた星。左足にあたるリゲルは、青白く輝く若い星だ。三ツ星の中央下には、ぼんやりと雲のようなものが見える。**これはオリオン大星雲といい、星ができる材料となるガス物質が集まっている場所だ。**同じ星座のなかに老星から星の赤ちゃんといえる星雲が存在する。

## POINT 02
### 冬の大三角を探そう

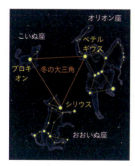

「オリオンの三ツ星」から南東方向へ下がっていくと、全天で最も明るいシリウスが輝いている。**シリウスとベテルギウスをつないだ直線と正三角形をつくる星を探すと、こいぬ座のプロキオンが見つかる。**

## POINT 03
### おうし座を探そう

「オリオンの三ツ星」を北西にたどっていくと、赤く輝く星アルデバランが見つかる。**アルデバランは牛の右眼を表している星**で、その周りの星をつないでできる「V」の字の星の並びがおうし座の頭の部分を表している。

### check!
### ベテルギウスの光は642年前のもの？

地球から642光年（光の速さで642年かかる距離）離れたところにある星がベテルギウスだ。地球からあまりに遠いところにあるため、この星から放たれた光が地球に届くまで、642年かかるという。人間は光によって物を見るため、今わたしたちが見ているベテルギウスの姿は、642年前の光ということになる。もしかしたら、ベテルギウスはすでに爆発していて、わたしたちが見ているのは、今はもうない爆発直前のベテルギウスの姿なのかもしれない。

星座を楽しむ⑤

# 探してみたい変わった星座

オリオン座やはくちょう座などメジャーな星座以外にも、たくさんの星座が夜空を彩っている。
あまり聞いたことのない星座も、見つけ方や由来を覚えておけば
星空キャンプを楽しむきっかけとなるのだ

---

古代エジプトの妃が
神に捧げた髪の星座

## かみのけ座

王妃ベレニケは、夫であるプトレマイオス3世の戦争からの帰還を祈願し、美しいと評判の髪の毛を神に捧げることを誓った。しかし、翌朝には捧げられた髪が消失してしまっていた。そして不思議なことに、なくなった髪の代わりに夜空にかみのけ座が輝いていたという。

**point　かみのけ座の位置**

春の大三角の一角であるデネボラの隣のあたりにある。

---

意外と地味なギリシャ神話
随一の英雄の星座

## ヘルクレス座

ギリシャ神話の主神ゼウスと王女アルクメネの間に生まれた勇者ヘルクレス。神話ではゼウスの妻ヘラに与えられた数々の難題を乗り越え、スター級の活躍をする。しかし、実際の星座は3、4等星の星ばかりで構成されている。

**point　ヘルクレス座の位置**

天頂近く、こと座とうしかい座に挟まれたところにある。夏によく見える星座。

Step4　思い出を残す

星座とは、夜空に輝く星を組み合わせて、人物や動物などに見立てたものだ。星座は、その国や時代によって形や数に違いがあり、古代ギリシャでは48星座だったが、現在では全部で88の星座に区分されている。

星占いでおなじみの12星座など、星座の種類はさまざま。有名なものもあれば、変わった名前や由来のおもしろい星座、発見難易度が高く見つけられると嬉しいものもある。

よく知られていない星座も、発見し知識を披露すれば、星空キャンプが盛り上がるきっかけとなる。マイナー星座探しに挑戦してみよう。

---

シュールな名前が異彩を放つ
彫刻室のなかを表した星座

## ちょうこくしつ座

「ちょうこくしつ」とは、彫刻家のアトリエのこと。18世紀にフランスの天文学者ラカイユが、あまり星座のなかった領域につくった比較的あたらしい星座。彫刻室に置かれた道具をイメージしたそうだが、星の形から想像力を膨らませづらい星座でもある。

### point　ちょうこくしつ座の位置

秋の空で唯一の1等星である、みなみのうお座のフォーマルハウトの東側に見える。

---

耳としっぽがかわいい
夜空に輝く小動物の星座

## うさぎ座

オリオン座の南に位置している小さな冬の星座。狩人であるオリオンに狙われているとされるが、まつわる神話はない。しかし、星座のなかでは均整の取れた形をしており、耳やしっぽがイメージしやすいことから、見つけられると嬉しい星座のひとつである。

### point　うさぎ座の位置

オリオン座のリゲルの南にVの字に並ぶ星があるが、これがうさぎ座の耳だ。

# 星空写真を撮る

オートで簡単に撮れる機種があるものの、奥が深いのが星空写真の世界。本書では、マニュアル操作の基本から、おもしろい写真を撮るコツまで紹介する

## 思い出に残る一枚を撮ろう

夜の時間は思いのほか長いもの。ある程度星に興味を持ったなら、思い切って星空写真に挑戦するのもおすすめだ。

手軽に星空写真が撮りたければ「PowerShot G9 X」(128ページ)のように、**オートで撮影に必要な設定を調整してくれるものもある**。ピント調整などが必要な場合はLevel.2の「印象的な風景を入れる」(152ページ)から読み始めよう。

また、星空キャンプが趣味になり、**感動的な星空を写真で表現したいのであれば、マニュアルでカメラを操作できるようになろう**。初心者向けの撮影のコツをLevel.1「きれいに星空を撮る」(150ページ)で紹介する。納得のいく星空を撮るのは難しいかもしれないが、その悪戦苦闘が星空写真の魅力でもある。理想の一枚の追求を楽しもう。

Level.3「人物を入れる」(154ページ)では、星と人物を同時に写す方法を紹介。撮影時の記憶がよみがえるような写真が撮れるはずだ。

## Level.1 きれいに星空を撮る ▶▶▶ p.150

マニュアル操作で撮影する基本的な方法を紹介。ここさえ押さえれば、ある程度きれいな星を写真に収められようになる。さらにLevel.2、3の内容をマスターすれば、人から褒めてもらえるような写真が撮れるようになる。128ページで紹介したようなカメラを手に入れたら、早速トライしてみよう。

### point

1 | 星がボケないようにピントを合わせる
2 | 暗いなかでも星が写るようにカメラの露出を調整する
3 | かっこいい写真に仕上がるようシャッター速度を調整する

Step4 思い出を残す

## Level.2 印象的な風景を入れる ▶▶▶ p.152

**星** の写真は風景と一緒に撮ると収まりがよくなる。星と一緒に風景を入れた「星景（せいけい）写真」というジャンルが確立されているほどで、趣味にしているカメラマンも多い。旅行先の印象的な建物や、記憶に残った星々を写真に収めれば、見るたびに星空キャンプの記憶が思い起こされる一枚になるはずだ。

### Point
1. 撮影時に迷わないよう明るいうちにロケハンする
2. 特徴的な写真にするための構図を決める
3. 人工の光を活かして風景を明るく写し出す

## Level.3 人物を入れる ▶▶▶ p.154

**記** 念写真としては、やはり人物を入れたいところ。顔と星を一緒に写すのは難易度が高いので、シルエットとして撮影するのがおすすめだ。その時々のポーズを変えて撮影すれば、写真を撮った日のことをありありと思い出せるはず。表情を写したい場合は人物にライトをあてる撮影設定を考えてみよう。

### Point
1. 動かず我慢できるぐらいのシャッタースピードに調整しよう
2. 思い出に残るようなポーズを取ってみよう
3. ペンライトを使って空中に文字を描こう

星空写真を撮る①

# きれいに星空を撮る

暗闇での撮影は、明るい日中の撮影と勝手がだいぶ異なる。
星空撮影のポイントとなるピント、明るさ、シャッター速度の
3点をしっかり把握して撮影に臨もう

## 1. ピントを合わせる

### まずはカメラを三脚に設置

星空の撮影には三脚が必須。シャッター速度が遅いため、少しの動きでも写真がブレてしまうからだ。**しっかりとした中型クラスの三脚が扱いやすく、風によるブレにも強い。**足場が不安定だとちょっとの衝撃で動いてしまうので、小石などは避けておこう。

カメラの切り替えダイヤル。　　レンズの切り替えスイッチ。

### カメラ・レンズを M モードに

カメラを M(マニュアル)モードに設定しよう。**カメラによってはセット位置が違うほか、マニュアルモードがないものもあるので、**仕様をしっかり調べよう。レンズに切替スイッチがある機種はこの切替も必要だ。

### ライブビューで
### ピントを合わせる

最初の関門が遠くにある星とのピント合わせ。**カメラのライブビュー機能で星を見つけたら、拡大してそれを見ながらピントリングを回し、最適なピントに固定しよう。**

### point
**拡大機能を使いこなそう**

ライブビューは液晶画面を拡大して見ることができる。拡大して星を見ると、より正確に星にピントを合わせることができる。

①ライブビュー切り替えボタン。
　カメラによって位置が異なる。
②星を画面で確認しながら、ピントを調節する。
③レンズのピントリング。
　回転させピントを調整する。

Step4　思い出を残す

普　段の撮影で使うオートモードだと暗闇ではカメラが光を認識できず、ピントが合わなければシャッターが押せなかったりする。そのため、**暗闇ではマニュアルモードが活躍するのだ**。はるか彼方にある星にピントを合わせ、暗闇のなかのわずかな光を感知できるように、長めにシャッターを開けば星は写る。星の幻想的な光をカメラではじめて写し取る瞬間は、感動すら覚えるはずだ。そうして**試行錯誤を繰り返すことできれいな星空が撮れるようになっていく。**

慣れていないうちは暗闇での操作が難しいので、明るい部屋で操作に慣れておこう。

## 2. 明るさを調整する

### まずは絞りを最小値、ISO感度を3200にする

絞りもISO感度も写真の明るさに関する数値。**絞りは数字が小さいほど、ISO感度は数字が大きいほど暗い星も写るようになる。**設定次第で写り具合が変化するので、最適な組み合わせを探そう。

ISO 3200

ISO 400

### ISO感度は周囲の明るさに合わせて調整しよう

月の明るさや街明かりによっても空の明るさは変わる。充分暗ければISO感度を上げても問題ないが、明るいと控えたほうがよい。**右記で触れるシャッター速度の速さによっても、写真の明るさは変わるので注意しよう。**

## 3. シャッター速度を調整

### 長秒に設定し、点状に星を写す

星の光は弱いので、10〜30秒シャッターを開いて、光を取り込む。**これぐらいのシャッター速度だと星は点状に写る。**

### バルブ設定し、線状に星を写す

シャッターを開いたままにする**バルブ撮影は移動する星が線状に写る。露出時間が長いと露出オーバーになりやすい。**その時はISO感度や絞りで調整しよう。

### Point
### レリーズを使おう

レリーズとは、手元でシャッターを押せるツール。手ブレを防止できる。

151

星空写真を撮る②

# 印象的な風景を入れる

すてきな星空写真を撮影するには構図が大切。
事前に撮影ポイントや収める夜空にあたりをつけたうえで
さまざまな工夫を凝らしていこう

## 1. ロケハンをする

**明るいうちに
撮影場所を決める**

よい構図はよい被写体から。暗くなってから撮影ポイントを探すのは危険なので、明るいうちにロケハンしておこう。その際にチェックしたいのは、<u>電線や電柱が写り込んでしまわないか</u>。撮影ポイントが決まったら、小石やテープなど目印を着けてわかるようにしよう。

### point
**夜は風景がガラッと変わる**

昼には邪魔だと思った木々などが夜になるとシルエットとなりよい被写体になることがある。想像力を働かせてロケハンしよう。

## 2. 入れる風景を決める

**シルエットが活かせる素材を
前景にする**

印象に残る星景写真には、特徴的な景色が写っていることが多い。<u>風景は星とくらべてバリエーションが豊かで選びやすく画づくりしやすい</u>。テントや急峻な山々、記念碑やオブジェなど何でも前景になりえる。<u>ストーリーを想起させるような構図にすると、より完成度が上がるのでおすすめだ</u>。

　この時、あたりが真っ暗だと景色はシルエットしか写らなくなる。そのため、特徴的な形状の被写体をロケハンの段階で探すようにしよう。本番では見つけたシルエットを活かす工夫が大切だ。

天文台のドームは形が特徴的。
ぐっと天体観測らしい雰囲気がでる。

Step4 思い出を残す

**星** 空だけでも充分きれいだが、写真となると少し味気ないものになってしまう。そんな時、画面の下部分に風景を入れると途端に写真に締まりが出る。**風景を入れる時は、水平をしっかり意識して安定感が出る構図にすること**。カメラに内蔵された水準器などを利用して調整しよう。

また、星空と風景のバランスを整えることも大切。「右上にオリオン座が写っているなら建物は左下に」といった要領で、**主役になる被写体とそれを引き立てる被写体をしっかりと区別しよう**。そのためには、星空に詳しくなることも大切だ。

## 3. 風景に変化をつける

### 人工的な光を アクセントにする

星の光をかき消してしまうほど強い光はNGだが、ある程度の明かりであれば撮影のアクセントになる。テントの光や街灯の光などは、**自然の景色とあいまって幻想的な雰囲気を演出してくれる**。明かりのついたテントなどを被写体にして、長時間シャッターを開いて撮影してみよう。線状に流れた星からテントまで自然な視線の流れをつくることができる。テントの明かりが白飛びしてしまう場合は、絞りやシャッター速度で明るさを再調整する。難易度が上がるが、写真にアクセントをつけたい時にはおすすめの手法だ。

### 被写体をライトで照らし出す

シルエットだけでなく、**手前の被写体をしっかりと写し出したい時は、LEDライトを使うのがおすすめ**。撮影設定は星空がきれいに写る数値にしたまま照らすと、被写体だけがくっきり浮かび上がる。近くに人がいる場合は声をかけてライトアップの許可をもらおう。

複数の画像を合成して星を線状にする「比較明合成」という手法もある。

*point*

### 季節感を取り入れよう

桜やひまわり、雪など季節感がある被写体と、その季節の星座を組み合わせるのも人気の構図。星座の出る方向を調べておこう。

153

星空写真を撮る③

# 人物を入れる

シルエットで人物を入れると写真にストーリー性が生まれる。
そんな写真を撮るテクニックを身につければ
星空キャンプも盛り上がること間違いなしだ

## 1. 設定を調整しよう

### シャッタースピードを
### 30秒ぐらいに設定する

マニュアルモードでは、シャッターを開く時間を調整できる。**シャッター速度を長秒に設定してシャッターを押すと、指定したシャッター速度で撮影が開始される。** あまり長い時間にするとつらいので、長くても30秒ぐらいにしておこう。

### point

**撮影中はじっとしてよう**

途中で動いてしまうと、シルエットがブレて締まりのない写真になってしまう。撮影中は極力動かないようにしよう。

## 2. ポーズを決めよう

みんなで星を見上げている写真。
天の川を眺めている雰囲気が伝わってくる。

### 星を見上げる仕草で
### 幻想的な雰囲気に

人物を写す写真で一般的なのが、星を見上げている構図。**星に思いを馳せているような雰囲気がロマンチックさを演出する。** 撮影ポイントは人物がメインとなる星空（天の川や星座）の方向を眺めること。眺める方向がそろえば画柄に視線の誘導が生まれ、星の美しさとともに印象的な演出ができる。

　複数の人物が写り込む場合は、立ち位置を調整してシルエットの大きさにメリハリをつけるとおもしろい写真になる。どちらかといえばクールな雰囲気のほうが様になるので、恥ずかしがらずにかっこよくきめよう。

Step4　思い出を残す

　族で星を見に来たことを、写真に残してみよう。**基本的には風景を入れる時と撮影方法は変わらない。**三脚でカメラを固定し、構図を定めて写真を撮るだけだ。ただし、自分も入る場合はシャッターを開く時間を30秒程度に設定し、急いで自分を画角に入ろう。多少移動中の影が写るかもしれないが、静止している時の姿が一番くっきりと写る。

また、**ペンライトがあれば空中に文字を描くこともできる。**長時間シャッターを開く撮影では、創意工夫次第でいろんな写真が撮れるので、いろいろ挑戦してみよう。

## 大げさなポーズで躍動感が生まれる

ロマンチックな印象の星を見上げる写真と対極なのが、躍動感あるポーズで撮った写真だ。「静」のイメージがある星空に対して、「動」を感じさせるポーズを取り入れることで、対比が強調される。**シャッターを開く時間が長いときつくなってくるので、安定感のあるポーズにするのがおすすめだ。**

代表的なのは星をつかもうと手を伸ばしているポーズ。視線と同様に指が向いている方向にも写真を見る人の視線が誘導される。天の川や星座など強調したい天体に向けて手を伸ばして写真を撮ってみよう。

ポーズを取っている間に動いてしまわないように注意。

## 3. ライトを持ってみよう

ペンライトで文字が描ける

シャッターが開いている間、**何度もペンライトを往復させることで明かりの軌跡が描ける。**明かりが強すぎないペンライトだからこそできるテクニックで、これを利用して空中に光の文字を描くことも可能。訪れたキャンプ地の地名や日付、星やハートのマークなど工夫次第でさまざまな演出が楽しめる。撮影中はいろんなアイデアが出て盛り上がるので、星空キャンプのクライマックスにふさわしいイベントになるはずだ。

ただし、キャンプ場のなかでは、ほかのキャンパーの迷惑にならないようにしよう。

### point
### カメラ内で合成する方法も

前出の「PowerShot G9 X」には、ストロボ撮影した人物と星空をきれいに撮った写真を合成する「星空ポートレート」という機能がある。

# おわりに

満天の星空に囲まれたキャンプは、家族を笑顔にしてくれます。星を見上げている時、キャンプ場で撮影した写真を見ている時……。自然と幸せな気持ちに包まれるはず。

もちろん、星空キャンプをした直後だけではありません。普段の便利な暮らしと離れた大自然のなかで、「一緒に同じ星を見た」という経験が、家族の絆を強くしてくれます。家に帰ったあとも、家族のつながりはより強いものになっているでしょう。

小さいころに見た思い出の星空は、将来の心の支えになります。そんな子どもの財産になる一生の思い出づくりに、本書を通じて貢献できたら幸いです。

星空キャンプの教科書
制作スタッフ一同

あったかい

最高の笑顔 :)

満天の星空☆

どんな星が見えるかな？

星と一緒に ☆

ママのお手伝い

また来ようね！

晴れてよかった！！

【キャンプ監修】

プロキャンパー
## 松尾真里子
MARIKO MATSUO

---

ファミリーキャンプの様子をアップするインスタグラムが反響を呼び、現在フォロワーが4万人以上。グッズにこだわったキャンプスタイルが人気で、キャンプスタイリストとしても活躍する。著書に『アウトドアをもっと楽しむ　おしゃれソトごはん』(オーバーラップ)『marimariの女子キャン』(光文社)がある。

【天体観測監修】

東京モバイルプラネタリウム
## 木村直人＆唐崎健嗣
NAOTO KIMURA & KENJI KARASAKI

---

【木村直人】「星空の宅配便®東京モバイルプラネタリウム」代表。移動式プラネタリウムを用いて全国で星空解説をする。著書に『よくわかる星空案内』(誠文堂新光社) など。
【唐崎健嗣】東京モバイルプラネタリウム天文解説員。星のソムリエ®の資格を持ち、『月刊 星ナビ』(AstroArts) の寄稿や講演などで活躍している。

【カメラ監修】

自然写真家
## 田中達也
TATSUYA TANAKA

---

(社)日本写真家協会、日本自然科学写真協会会員。自然写真家として、星空や花、風景など幅広い撮影活動を行う。その作品は国内外から高い評価を得ている。『星と月の撮り方入門』、『アニメ・映画のようなワンシーンを写し出す　情景写真術』(ともにインプレス)、『星・月・夜空の撮影術』(玄光社) など著書多数。

## BOOK STAFF

| | |
|---|---|
| デザイン | 酒井由加里 (G.B.Design House) |
| 撮影 | 宗野 歩 |
| 撮影協力 | 田中英樹、株式会社ふもとっぱら |
| イラスト | さじろう |
| 星座イラスト | スタディ・スタイル |
| 執筆協力 | 村沢譲、山下大樹 |
| 企画構成・編集 | 内山祐貴、木村伸二 |

## 参考文献

『よくわかる星空案内』(誠文堂新光社)　著 木村直人
『天体観測入門』(大日本図書)　著 渡部潤一
『星と月の撮り方入門』(インプレス)　著 田中達也
『marimariの女子キャン』(光文社)　著 松尾真里子
※そのほか、数多くの文献を参考にさせていただきました。

子どもと一生の思い出をつくる
# 星空キャンプの教科書

初版発行　2018年4月30日

発行人　坂尾昌昭
編集人　山田容子
発行所　株式会社G.B.
　　　　〒102-0072
　　　　東京都千代田区飯田橋4-1-5
　　　　電話 03-3221-8013 (営業・編集)
　　　　FAX 03-3221-8814 (ご注文)
　　　　URL http://www.gbnet.co.jp
印刷所　株式会社廣済堂

乱丁・落丁本はお取り替えいたします。
本書の無断転載、複製を禁じます。

©G.B.company 2018 Printed in Japan
ISBN 978-4-906993-54-3

## Now on sale

テーマのある旅を提案する
# G.B.の本

**企画展だけじゃもったいない
日本の美術館めぐり**

美術館の「ツウなめぐり方」を指南。
著：浦島茂世
本体1600円+税

**東京のほっとな
お茶時間**

一息つける日本茶のお店を紹介。
著：茂木雅世
本体1600円+税

**甲州・信州のちいさな
ワイナリーめぐり**

名産地でワインを飲み歩く。
監修：(一社)ワインツーリズム
本体1600円+税

**東京の夜の
よりみち案内**

東京ですてきな夜を過ごそう。
著：福井麻衣子
本体1600円+税

**休みをとってでも行きたい
問屋街さんぽ**

豊富な品ぞろえに大満足。
著：古谷充子
本体1600円+税

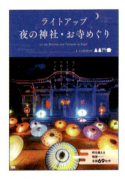

**ライトアップ
夜の神社・お寺めぐり**

光に彩られた夜の寺社を参拝。
本体1600円+税